LE RÉCIT EST UN PIÈGE

DU MEME AUTEUR

UTOPIQUES : JEUX D'ESPACES, 1973.

LA CRITIQUE DU DISCOURS, ÉTUDES SUR LA LOGIQUE DE PORT-ROYAL ET LES PENSÉES DE PASCAL, 1975.

Chez d'autres éditeurs :

ÉTUDES SÉMIOLOGIQUES, ÉCRITURE, PEINTURE, Klincksieck, 1971.

SÉMIOTIQUE DE LA PASSION, TOPIQUES ET FIGURES, Desclée de Brouwer, Aubier-Montaigne, 1972.

LE RÉCIT ÉVANGÉLIQUE, en collaboration avec Cl. Chabrol, *id.*, 1972.

DÉTRUIRE LA PEINTURE, Galilée, 1977.

COLLECTION « CRITIQUE »

LOUIS MARIN

LE RÉCIT EST UN PIÈGE

LES ÉDITIONS DE MINUIT

7, rue Bernard-Palissy — 75006 Paris

ISBN 2-7073-0236-8

« S'il est honteux de ne se pouvoir défendre avec son corps, il serait absurde qu'il n'y eut point de honte à ne le pouvoir faire par la parole dont l'usage est plus propre à l'homme que celui du corps. »

Aristote, *Rhétorique,* 1355b.

« Il faut donc savoir qu'il y a deux manières de combattre, l'une par les lois, l'autre par la force : la première sorte est propre aux hommes, la seconde propre aux bêtes ; mais comme la première bien souvent ne suffit pas, il faut recourir à la seconde. Ce pourquoi est nécessaire au Prince de savoir bien pratiquer la bête et l'homme. (...)
Puis donc qu'un Prince sache user de la bête, il en doit choisir le renard et le lion ; car le lion ne se peut défendre des rets, le renard des loups ; il faut donc être renard pour connaître les filets, et lion pour faire peur aux loups. Ceux qui simplement veulent faire les lions, ils n'y entendent rien. »

N. Machiavel, *Le Prince,* in *Œuvres complètes,* La Pléiade, p. 341.

L'essai que l'on va lire traite du récit et de lui seulement. La méthode qu'il met en œuvre, les théories sous-jacentes à cette méthode, sont aisément repérables : sémantique structurale, actes de langage, appareils, dispositifs et modalités d'énonciation. Leur champ historique est — au moins en apparence — unifié : le XVIIe siècle français.

Cela dit — qui peut passer pour un geste quelque peu crispé de clôture dans la théorie, d'unité dans la méthode et de fermeture dans l'application —, un parcours transversal s'est écrit dont la diversité apparaîtra vite à la lecture. Le récit est un piège. Cette phrase qui titre le livre serait un piège aussi si nous n'en démontions dès le début les ressorts. Ni axiome ni définition, ce titre n'est pas non plus proposition ou théorème : une simple observation d'expérience, un constat empirique. Aussi bien « récit » n'a ici ni statut théorique ni unité essentielle : on lira une ou deux fables, deux ou trois extraits de Mémoires, des notes de voyage, quelques fragments d'une histoire, un conte, une « parabole », c'est-à-dire La Fontaine, Retz, Racine, Perrault, Pascal. « Piège », le terme est plus instable encore, pour d'autres raisons : il fait image, délibérément. Il n'appartient ni au dictionnaire de la science ni à celui de la philosophie ; ce n'est pas un concept, ni une notion, même pas une catégorie mentale. Terme de cynégétique ou de poliorcétique, il rélève du procédé, de la machination technique, de l'art.

Le voici déplacé hors de ses domaines habituels d'emploi dans le champ du langage mais en un lieu de ce champ où, même métaphore, on l'y attendait le moins. Pièges de *discours,* soit : procédés rhétoriques, opérations argumentatives, tactiques dialogiques visant à persuader l'autre, à manipuler l'auditeur, à le réduire au silence ou à le faire croire, la matière est riche et le champ, depuis bien longtemps, labouré. Mais le *récit* et sa mise hors circuit du dispositif énonciatif ? Mais l'*histoire* et son indexation référentielle explicite ? Et la mise à distance dans le temps et dans l'espace qu'elle opère (le passé est révolu ; personne ne parle ; les événements semblent se raconter eux-mêmes) avec toutes les procédures critiques de vérification où son autorité se fonde, irrésistiblement ?

Cette puissante assurance du récit quant à son pouvoir de vérité, cette immédiate habilitation de l'histoire à tenir le discours du réel a provoqué un soupçon, le soupçon que le récit est aussi un piège et d'autant plus efficace qu'il n'apparaît point tel. Tout le reste en a découlé. Il est vrai que j'étais à bonne école entre La Fontaine, Retz et Pascal. Un piège, soit. Qui est le piégeur ? Le narrateur dissimulé dont le récit dénie la présence. Et le piégé ? Le lecteur qui croit entendre le récit des événements eux-mêmes à la faveur de cette absence et qui écoute de cette voix inaudible la sentence de la vérité même dans le fait sur la page transcrit : histoire. D'où l'entrée en scène de Racine historiographe, à l'acte III — comme Tartuffe — de ce texte, qui nous découvre, au temps où Versailles se construit et s'organise, où le soleil français monte au zénith européen, où le pouvoir d'Etat s'universalise dans un moi singulier, l'étrange connivence de celui qui écrit l'histoire et de celui qui la fait. Pouvoir de vérité, le récit est le récit du pouvoir politique. Mais cette complicité est un échange : entre les actes de la toute-puissance royale et le récit de ces actes qui doit en opérer les effets irrésistibles ; entre l'acteur absolu de l'histoire et l'écrivain non moins absolu de cette histoire. Certes, l'historien a « besoin » du roi, car il ne peut le raconter que si celui-ci lui donne le pouvoir-écrire qui lui est nécessaire. Le récit est le produit d'une application de la force du pouvoir sur une écriture. Mais le roi aussi a « besoin » de l'historien, car le pouvoir ne peut trouver son achèvement absolu que si l'historien le raconte. L'histoire royale est le produit d'une application de la force du pouvoir narratif sur les manifestations de la toute-puissance politique. Ainsi s'opère le chiasme entre les deux pouvoirs, de l' « Etat-c'est-moi » et du « récit-de-l'histoire », dont le résultat doit être la représentation totale et parfaite de l'histoire faite par l'un et écrite par l'autre. Tel est le piège complexe du récit où le lecteur devra tomber pour se retrouver assujetti au pouvoir d'Etat par le pouvoir de l'histoire qui lui est contée.

Mais, dans ce curieux échange de pouvoirs où l'un assure par l'autre et l'autre par l'un — également absolus — en se piégeant mutuellement, qui n'aperçoit qu'aucun des deux n'a son origine, son fondement, son autorité en lui-même. Au point central de l'échange, une double fiction, un double simulacre en reflet, *qui est le pouvoir même.* C'est là l'efficace mécanisme d'un piège qui fonctionne merveilleusement à condition de n'en rien dire. Perrault et Pascal qui justement démonteront le mécanisme nous raconteront diversement que le secret du pouvoir doit être tu et bien gardé. N'est-il alors d'autre issue que la scission de la conscience malheureuse de l' « habile » pascalien ?

Soit le conflit tragique de la force et de la justice : « Il est juste que ce qui est juste soit suivi, il est nécessaire que ce qui est le plus fort soit suivi. » Le juste d'un côté — ou la vérité — et la tautologie de l'action juste : « Il est juste que ce qui est juste... », la justice sans autre garant qu'elle-même ; *justitia* (*veritas*) *index sui.* Impératif catégorique sans fondement spéculatif. En face, les degrés de force, et le degré suprême : le plus fort qui nécessairement annihile les moins forts. Le plus fort est la force sans « phrases », « sans discours », sans dispute, très reconnaissable, tandis que la justice — obligatoire immédiatement — est toujours contredite. Il est juste que ce qui est juste soit suivi, mais qu'est-ce qui est juste ? Parlons, le discours est interminable. La justice, on en parle, on en parle seulement. Point la force : on la reconnaît et on la subit.

Et voici le mythe fondateur : un jour, *Bia,* la force, au lieu de frapper, a parlé. Au lieu de se faire craindre par sa nécessité même, de faire la guerre pour s'assurer qu'elle était la plus forte, elle s'est investie dans les signes qui la désignent, elle s'est mise en représentation. Elle a tenu discours, un discours qui répète seulement ceci : qu'elle est la justice et la vérité. Statue de justice, idole de vérité, elle est pouvoir.

Le pouvoir est le discours que la force a tenu et tient pour toujours et qui répète que la justice est injuste et que c'est elle, la force, qui est juste. Le pouvoir est la justice que la force se donne parce qu'elle est la force « très reconnaissable et sans dispute » : loi, institution, coutume avec toutes les médiations, rationalisations ou justifications imaginaires que l'on voudra.

Dévoiler ce secret, tenir ce discours sur le discours du pouvoir se nomme critique. Il n'empêchera pas le piège par simulacre de fonctionner et le pouvoir de s'exercer.

Mais qu'un jour, en un moment et pour un moment seulement, un faible, un assujetti, parce qu'il est malin et rusé, trouve le moyen de retourner la force du pouvoir contre le pouvoir, de la détourner contre lui, alors quel intense plaisir ! Il ne contredit pas la force : c'est impossible. Il ne l'accuse pas : c'est inutile. Il ne demande pas que ce qui est juste soit fort : c'est utopique (qu'est-ce que le juste, d'ailleurs ?). Il fait en sorte — habileté artisane, art des moyens et des brèves machinations — que le pouvoir, par sa force même, se contredise, s'accuse, se déclare injuste, de façon très reconnaissable et sans dispute. Ce narrateur léger et habile racontera des histoires et non plus l'Histoire ; il ne tiendra pas de discours critique sur le Récit mais il dira des récits dont toute l'efficace tiendra à ce que — pour un moment — il conte au pouvoir la façon dont le pouvoir se raconte et, du même coup, le piégera à son propre piège par le plaisir que le pouvoir y prend. Ainsi La Fontaine, Retz ou Perrault.

« On ne s'imagine Platon et Aristote qu'avec de grandes robes de pédants. C'étaient des gens honnêtes et, comme les autres, riant avec leurs amis ; et, quand ils se sont divertis à faire leurs *Lois* et leurs *Politiques,* ils l'ont fait en se jouant ; c'était la partie la moins philosophe et la moins sérieuse de leur vie, la plus philosophe était de vivre simplement et tranquillement. S'ils ont écrit de politique, c'était comme pour régler un hôpital de fous. Et s'ils ont fait semblant d'en parler comme d'une grande chose, c'est qu'ils savaient que les fous à qui ils parlaient pensaient être rois et empereurs. »

Etrange espèce de rire que celui de Platon et d'Aristote, philosophes politiques : un rire de divertissement, la simulation du sérieux pour que les sérieux — c'est-à-dire les fous — viennent remplir le simulacre qu'eux, les philosophes, avaient construit. Ainsi pensaient-ils, fous eux-mêmes, « modérer la folie de ceux à qui ils parlaient au moins mal qu'il se peut... »

Pourquoi donc ne pas commencer par le petit récit que voici en épigraphe à tout mon propos.

J'ai eu la bonne fortune de découvrir, il y a peut-être trois ans, un ouvrage dont voici deux extraits. Ils ont été l'occasion de mes essais jusqu'à la phrase qui les titre. Ce volumineux in-folio de près de neuf cents pages traitant *Des pièges, de leur composition et de leur usage* fut obscurément publié à Venise dans la première décennie du XVIe siècle par un non moins obscur citoyen de Volterra, Gian Battista de Contugi, conseiller politique et militaire des Sforza, qui aurait fui le Milanais, suspect d'intrigues et de conspirations, pour se réfugier dans une retraite — une chartreuse, dit-on — sur les territoires de terre ferme de la République de Venise. Je me suis pris à rêver d'un second Machiavel, contemporain du premier et dont les méditations sur les pièges auraient précédé de quelques années les publications de l'autre. Le livre est écrit en latin et illustré par de fort beaux dessins et schémas de dispositifs de pièges dus à un architecte et ingénieur militaire du nom de Francesco Nori.

... « Les principes qui règlent la composition, la mise en œuvre et l'usage des pièges sont au nombre de trois : la fantaisie, l'appétit et la force. Ils donnent lieu à trois genres de pièges, les pièges de l'imagination, les pièges du besoin, les pièges du mouvement ; et leur mélange ordonné, à diverses espèces de pièges, et ces espèces à leur tour combinées, à des espèces plus particulières encore plus nombreuses, ainsi à l'infini. Ces mélanges et ces combinaisons font assurément croire à l'homme irréfléchi, qui s'abandonne au cours des choses plutôt que de décomposer, par méditation indépendante, les desseins des hommes dans leurs raisons, leurs motifs et leurs passions, qu'un chef de guerre, un prince ou un magistrat, par son génie propre, trouve au bon moment, dans des circonstances extraordinaires et jamais rencontrées où tout autre qu'eux-mêmes eût rendu les armes, abandonné son entreprise et accepté la loi de l'adversaire, le moyen jamais employé jusque-là qui apparaît alors infaillible pour renverser la situation. En vérité, c'est cette croyance de l'homme irréfléchi qui a fait penser au plus grand nombre que l'étude philosophique et raisonnée des pièges était très difficile, pour ne pas dire inaccessible à un entendement humain.

« Bien que plus rare que la précédente, une autre opinion me semble en avoir, jusqu'à ce jour, empêché la véritable étude, celle qui conduit à penser que toute action humaine réussie serait la conséquence unique d'une prévision absolument exacte de ce qui pourrait arriver en toute circonstance, de son côté comme de celui de son adversaire, tant est grande la présomption humaine, qui enveloppe de nuées l'entendement le plus sage et la volonté la plus résolue. Immense est la folie des chefs, des princes ou des assemblées qui croient avoir tout prévu de l'avenir. Un orage survient, un fleuve déborde et la plus forte des armées se trouve immobilisée ; une maladie inconnue se répand et la ville la mieux défendue est réduite à quia ; une passerelle se rompt, le général qui passait là se noie et ses hommes ne savent plus à quel saint se vouer. En vérité, c'est alors précisément que la connaissance des pièges serait utile et nécessaire. Ladite opinion emporte souvent ceux qui ont la charge du commandement, de la décision ou de l'exécution dans le royaume des idées et les rend impuissants dans le monde de la réalité, particulièrement au moment et dans la circonstance où il n'est plus possible de prévoir ni de calculer mais où il faut décider et agir. Même alors cependant l'art des pièges apporte à celui qui y est habile une incertaine certitude. Tout mon savoir ne va point au-delà » (Préambule, fol. 82, r°).

« Le piège de la fantaisie est celui dans lequel on représente à son adversaire sa propre image, dans laquelle il se complaît. En provoquant son attachement et son arrêt par l'agrément qu'il en tire, on peut alors le frapper aisément et sûrement. Le principe de ce genre de piège est l'attraction du même par le même et le plaisir qui naît de l'imitation. Cependant, l'expérience montre que le principe d'efficace du piège n'est pas la fantaisie elle-même et les images qui s'y forment. Elles n'en sont que le moyen. Celui-ci réside dans l'attrait du même et dans le plaisir de la ressemblance. Ainsi le leurre que le chasseur porte à son poing pour rappeler son faucon ou les appeaux qu'il dispose dans les marais lors du passage des canards sauvages ; la femelle vole vers l'image du mâle et le mâle vers celle de la femelle, et les uns et les autres se trouvent bientôt à portée de la flèche rapide de l'homme à l'affût ; ainsi le fantôme dans le miroir pour la femme coquette ; ainsi l'image de grandeur et de toute-puissance que tend au Prince le discours du courtisan rusé.

« Le piège de l'appétit est celui dans lequel on présente à l'animal ou à l'homme que l'on veut prendre une chose dont il a besoin. Le désir violent qu'il a de s'en emparer, qu'il soit poussé par la faim, la soif ou le sexe ou quelque autre appétit, le rend impuissant par sa puissance même et le livre sans défense à une puissance bien moindre. Ainsi les appâts de toute nature que le chasseur ou le pêcheur habile dispose dans la nasse, le traquenard à boîte ou à dents ou le trébuchet à filet, sans fin, ou à battant. Mais, comme dans le cas du piège de la fantaisie, encore que différemment, l'appétit n'est pas seul le principe de l'efficace du piège. Il faut encore que l'appât soit placé dans une machine, produit de l'art humain par laquelle la puissance de l'appétit est convertie en son impuissance (sans autre dépense de force ou de mouvement de la part du piégeur que celle qui a produit ladite machine), soit que la puissance de l'appétit rompe l'équilibre délicat d'une ouverture qui se transforme, en un instant, en son contraire, ainsi dans la ratière ou la mésangette, soit que le mouvement de l'animal appétant vers l'appât produise l'aporie de son mouvement d'aversion, ainsi dans la nasse ou la séduction amoureuse ou dans l'embuscade.

« Le piège de la force ou du mouvement, dont on pourrait considérer que le piège de l'appétit est une espèce, est celui dans lequel on dispose, en la dissimulant, sur le parcours de l'animal ou de l'homme que l'on veut prendre, la machine dans laquelle il sera pris et qu'il rencontre, par hasard, sans être dirigé vers elle particulièrement par leurre ou appât. Telle est la différence spécifique avec le piège de l'appétit ou de la fantaisie. Ainsi la chausse-trape, le collet, le quatre de chiffre, le tombereau ou l'araignée ou l'assommoir des Indes ou certains types d'embuscade. C'est en même temps le genre dans lequel l'essence du piège se découvre le mieux, en ce sens que tout l'art du piégeur consistera, d'une part, à bien choisir le lieu et le moment de sa machine — ce qui est vrai aussi des autres, mais à un moindre degré — et, d'autre part, à construire sa machine de telle manière que le principe de son efficace est le plus souvent une infime partie ou quantité du mouvement de la force totale de l'animal ou de l'homme piégés. Partie ou quantité qui cependant suffit à transformer la force en faiblesse et le mouvement en repos. On peut aussi remarquer qu'à la différence des deux autres pièges où le piégeur représente ou présente au piégé le ressort du piège, le leurre ou l'appât, avec celui-ci il doit, pour opérer, être dissimulé. Cependant, la dissimulation n'est pas l'efficace du piège, mais seulement sa condition nécessaire. L'essence du piège est donc de créer un lieu et un moment où une petite partie de la force et du mouvement de l'adversaire devient la cause de l'annihilation de sa force et de son mouvement total » (1re partie, fol. 154, v°).

I. le pouvoir du récit

A Jean-François L.

Je trouve au Livre VIII des *Fables* de La Fontaine une fable nommée « Le pouvoir des fables » et, qui plus est, dédicacée à un ambassadeur de Louis XIV à Londres, négociant le traité de Nimègue. Un récit de la narration où le représenté représente la représentation. Et ce faisant, ce récit indique et signifie à la fois, dans cette représentation au deuxième degré, le pouvoir à l'œuvre dans le représenté, le pouvoir de la représentation narrative.

LE POUVOIR DES FABLES.

A Monsieur de Barillon.

La qualité d'ambassadeur
Peut-elle s'abaisser à des contes vulgaires ?
Vous puis-je offrir mes vers et leurs grâces légères ?
S'ils osent quelquefois prendre un air de grandeur,
Seront-ils point traités par vous de téméraires ?
Vous avez bien d'autres affaires
A démêler que les débats
Du lapin et de la belette.
Lisez-les, ne les lisez pas :
Mais empêchez qu'on ne nous mette
Toute l'Europe sur les bras.
Que de mille endroits de la terre
Il nous vienne des ennemis,
J'y consens ; mais que l'Angleterre
Veuille que nos deux rois se lassent d'être amis,
J'ai peine à digérer la chose.
N'est-il point encore temps que Louis se repose ?
Quel autre Hercule enfin ne se trouverait las
De combattre cette hydre ? Et faut-il qu'elle oppose
Une nouvelle tête aux efforts de son bras ?

Si votre esprit plein de souplesse,
Par éloquence et par adresse,
Peut adoucir les cœurs et détourner ce coup,
Je vous sacrifierai cent moutons ; c'est beaucoup
Pour un habitant du Parnasse.
Cependant faites-moi la grâce
De prendre en don ce peu d'encens.
Prenez en gré mes vœux ardents,
Et le récit en vers qu'ici je vous dédie.
Son sujet vous convient ; je n'en dirai pas plus ;
Sur les éloges que l'envie
Doit avouer qui vous sont dus
Vous ne voulez pas qu'on appuie.
Dans Athène autrefois, peuple vain et léger,
Un orateur, voyant sa patrie en danger,
Courut à la tribune, et, d'un art tyrannique
Voulant forcer les cœurs dans une république,
Il parla fortement sur le commun salut.
On ne l'écoutait pas : l'orateur recourut
A ces figures violentes
Qui savent exciter les morts, tonna, dit ce qu'il put.
Le vent emporta tout ; personne ne s'émut.
L'animal aux têtes frivoles,
Etant fait à ces traits, ne daignait l'écouter.
Tous regardaient ailleurs : il en vit s'arrêter
A des combats d'enfants, et point à ses paroles.
Que fit le harangueur ? Il prit un autre tour.
« Cérès, commença-t-il, faisait voyage un jour
Avec l'anguille et l'hirondelle.
Un fleuve les arrête, et l'anguille en nageant,
Comme l'hirondelle en volant,
Le traversa bientôt. » L'assemblée à l'instant,
Cria tout d'une voix : « Et Cérès, que fit-elle ?
— Ce qu'elle fit ? Un prompt courroux
L'anima d'abord contre vous.
Quoi ! de contes d'enfants son peuple s'embarrasse !
Et du péril qui le menace
Lui seul entre les Grecs il néglige l'effet ?
Que ne demandez-vous ce que Philippe fait ? »
A ce reproche l'assemblée,
Par l'apologue réveillée,
Se donne entière à l'orateur :
Un trait de fable en eut l'honneur.
Nous sommes tous d'Athènes en ce point, et moi-même,
Au moment que je fais cette moralité,

Si Peau d'Ane m'était conté,
J'y prendrais un plaisir extrême.
Le monde est vieux, dit-on, je le crois ; cependant
Il le faut amuser encor comme un enfant.

Dès cette première lecture, un soupçon : cette fable n'est fable qu'à demi, le « vrai récit » ne commence que bien tard : « Dans Athène autrefois, peuple vain et léger, un orateur... » ; encore n'est-ce point une fable *stricto sensu,* mais une histoire, l'histoire d'un discours. La « vraie fable » commence plus tardivement encore, racontée par l'orateur de l'histoire : « Cérès, commença-t-il, faisait voyage un jour avec l'anguille et l'hirondelle... » et la fable se trouve interrompue par les auditeurs de l'histoire : « L'assemblée à l'instant cria tout d'une voix... » qui sont « en vérité » les auditeurs d'un discours.

Pouvoir des fables, pouvoir sur le lecteur d'un retardement, d'un délai ici mis en évidence, puissance d'un piège.

La moitié du poème est le développement de la dédicace à M. de Barillon : un discours, à lui adressé, d'offrande du récit qui va suivre :

« Cependant faites-moi la grâce
De prendre en don ce peu d'encens.
Prenez en gré mes vœux ardents,
Et le récit en vers qu'ici je vous dédie »,

mais point immédiatement. Là aussi, la dédicace est *retardée ;* par toute une stratégie du don qui vise à le rendre acceptable par son destinataire, mis par le discours dans une position telle qu'il ne pourra pas le refuser : don obligatoire du poème, c'est-à-dire, en fait, du récit qui suit. Pouvoir du discours, stratégie du dialogue qui place le bénéficiaire du récit — obligatoirement — dans la situation d'écoute (de lecture) convenable à l'histoire et à la fable que l'histoire enveloppe. Le discours, le dialogue piège l'auditeur du récit.

En retardant le récit par le discours qui le précède en en préparant le don, le narrateur monte le piège du récit, en construit le pouvoir. En retardant la formule d'oblation qui est l'objectif du discours, il monte le piège du don, il le rend obligatoire.

Le piège total est donc à double déclenchement : le dédicataire tombe dans le premier pour tomber irrésistiblement dans le second. Le mécanisme du piège, son ressort est, dans les deux cas, un délai, la construction d'une matrice d'attente, une double manipulation du temps par le langage. Toute cette machination cependant s'effondre comme château de cartes, la fable est interrompue, nous l'avons dit, et le narrateur s'interrompt lui-même au moment de déclarer son pouvoir — celui que le double piège lui a donné sur son auditeur-dédicataire. Mais il ne s'interrompt que pour se déclarer lui-même « piégeable » par le piège même qu'il a monté. Il s'inclut lui-même dans son discours comme victime de sa propre machination de discours et de récit, et ce faisant, il indique — au passage — le ressort du ressort du piège, le principe de déclenchement du ressort du piège : le plaisir, et, dans le même temps, il le met en œuvre, il donne du plaisir. Manipulation du temps par retardement veut dire plaisir mis en jeu par le jeu du langage : l'économie politique de la fable, de l'histoire, du dialogue retournée dans l'économie libidinale du discours ; le secret du pouvoir, désir d'assujettissement accompli en plaisir, mais c'est un secret ici révélé.

> « Au moment que je fais cette moralité,
> Si Peau d'Ane m'était conté,
> J'y prendrais un plaisir extrême. »

Reste le mot final qui déplace — peut-être — encore la belle finalité, la finalité sans fin du plaisir du conte :

> « Le monde est vieux, dit-on, je le crois ; cependant
> Il le faut amuser encor comme un enfant. »

Reprenons donc. Démontons les pièges.

Le motif général du discours de dédicace est d'emblée la position d'un rapport entre celui qui fait l'histoire et celui qui raconte des histoires, vous, moi. Le sérieux, la grandeur de l'homme d'Etat, la gratuité, la légèreté, la « vulgarité » de l'homme de lettres : la politique, le pouvoir d'un côté, le jeu, la frivolité de l'autre. Ce rapport est interrogé : peut-il y avoir un rapport entre le sérieux du pouvoir et la légèreté du conte ? Et, lorsque le poète joue le sérieux, c'est alors que l'homme d'Etat fronce le sourcil : témérité du poète. Mêlez-vous de ce qui vous regarde. N'empêche que le pouvoir ne joue jamais, il ne joue jamais à jouer tandis que l'homme de lettres peut — ose parfois — jouer à être sérieux. Et c'est encore légèreté. Ne sortons pas de nos domaines respectifs. Bref, le rapport entre le Pouvoir et la Littérature n'est posé que pour être suspendu. Mais, ainsi énoncé, il pose le problème d'un échange entre la grandeur de la grande histoire, celle qui se fait à Londres et la bassesse des petites histoires, celles qui s'écrivent — en vers — à Château-Thierry ou ailleurs.

> « Vous avez bien d'autres affaires
> A démêler que les débats
> Du lapin et de la belette. »

Contrat impossible — que le poète reconnaît lui-même impossible — entre l'agent de l'histoire et l'agent du récit. Et cependant, depuis le premier vers, la poésie dévide ses grâces légères et M. l'Ambassadeur est en train de lire la pièce qui lui est dédiée : il lit qu'elle ne peut pas l'être. Aussi bien, le poète détourne son attention du paradoxe sur un autre conte, une fable, le lapin et la belette, écrit ailleurs. Vous lisez ce que j'écris maintenant, mais lisez, ne lisez pas les débats de la belette et du lapin que j'ai écrits et que vous avez peut-être déjà lus : premier montage du piège, par dispersion, digression, diversion. Gageons que Son Excellence relit la fable ici nommée.

Que lui conte-t-elle ? Un arbitrage, la fin d'une guerre, un traité de paix mais aussi le récit d'un piège ; bref, une sorte d'avertissement.

On se souvient du conflit : Dame Belette s'empare de la demeure de Janot Lapin, pendant son absence. Elle justifie son acte en déclarant la terre au premier occupant : loi de nature. Janot rétorque par la coutume et l'usage : « Ce sont leurs lois qui m'ont de ce logis / Rendu maître et seigneur, et qui de père en fils, / L'ont de Pierre à Simon, puis à moi Jean transmis. » Loi civile. Mais le dialogue est sous-tendu par la mise en équilibre de deux forces : celle de Belette (qui tue les lapins, comme chacun sait) est compensée pour le lapin par celle de tous les rats du pays qu'il peut convoquer à son secours. Equilibre des forces qui, en vérité, ne laisse place, dans leur impuissance réciproque, qu'au discours, qu'à la contestation de langage, qu'au conflit de paroles. D'où le recours à l'arbitre qui, extérieur à la situation de lutte, désintéressé, neutre en un mot, tranchera dans un sens ou dans l'autre. « Or bien, *sans crier davantage* / Rapportons-nous, dit-elle, à Raminagrobis. » Fin des discours affrontés dans l'évocation d'une force supérieure, « le saint homme chat »... « Arbitre expert sur tous les cas / Janot Lapin *pour juge l'agrée.* » Force supérieure qui n'est telle que de l'abandon mutuellement consenti des forces affrontées de la belette et du lapin, de la nature et de la coutume, autrement dit : *pouvoir.* « Les voilà tous deux arrivés / Devant Sa Majesté fourrée. » Pouvoir absolu et transcendant dont la puissance est faite de la démission, par les deux adversaires, de la puissance que respectivement ils détenaient jusque-là : généalogie du pouvoir. Sa Majesté Grippeminaud parle alors, pour dire sa faiblesse : « ... Mes enfants, approchez / Approchez ; je suis sourd : les ans en sont la cause. » Oui, il est vrai que le pouvoir n'a pas d'autre puissance que celle que lui donnent ceux qui s'en remettent à lui, qui le reconnaissent comme arbitre ayant capacité de juger et de trancher. Les deux forts, par là, parce qu'ils sont également forts se trouvent être également faibles et le faible, parce qu'il reçoit l'appoint de ces deux forces dont les forts se démettent à son profit, se trouve, non seulement fort, mais ayant le droit de l'être. D'où la solution du conflit immédiate et instantanée. « Aussitôt qu'à portée, il (le chat) vit les contestants » (à portée, c'est-à-dire entrant dans la sphère du pouvoir que les adversaires ont eux-mêmes constituée, à laquelle ils se sont eux-mêmes assujettis), « Grippeminaud le bon apôtre, / Jetant des deux côtés la griffe en même temps, / Mit les plaideurs d'accord en croquant l'un et l'autre. » Le pouvoir est puissance juridique de résolution des conflits parce qu'il s'est déjà assimilé les contraires, parce qu'il est la résultante synthèse des forces opposées. Traduction dans l'ordre animal, dans le désir *simple* de l'autre : il les croque l'un et l'autre ; il s'incorpore les deux. Le pouvoir est désormais absolu. Extérieur au conflit des forces, comme neutre, il est devenu sans extériorité. Le pouvoir ne s'instaure comme tel qu'à la faveur d'un piège. Il est le piège même que montent les adversaires sans le vouloir, sans le savoir, dans leur désir de mettre fin à leur conflit et de faire la paix. Leçon politique : « Ceci ressemble fort aux débats qu'ont parfois / Les petits souverains se rapportant aux rois. »

Lisez-les, ne les lisez pas : « Mais empêchez qu'on nous mette / Toute l'Europe sur les bras... »

Ainsi un rapport entre l'ambassadeur et le poète s'institue quand même à la faveur de la relecture de la fable. Lisez « les débats de la belette et du lapin » et vous trouverez bien un rapport avec votre situation d'ambassadeur-représentant du roi et la mienne de poète-sujet, en ce moment précis de l'histoire européenne où, à la fois, vous essayez d'empêcher l'entrée en guerre de l'Angleterre contre la France et vous amorcez la négociation d'un traité de paix avec l'Europe coalisée. Qui sera le chat ? C'est là la question. Voilà ce qu'il faut que vous trouviez si vous avez lu, et bien lu, la fable. Sinon, écoutez mon discours d'injonction politique. Ou plutôt écoutez-moi maintenant que vous avez relu mon conte vulgaire. Vous vous demandez qui sera le chat. Peut-être vais-je vous le dire. Vous voilà donc — mais vous n'en savez rien — déjà piégé par la fable qui n'a pas été dite mais seulement et partiellement nommée. Vous continuez donc à me lire. Peut-être suis-je le chat ?

Ecoutez : Des ennemis par milliers venus de toute la terre, soit. « Mais que l'Angleterre / veuille que nos deux rois se lassent d'être amis, / J'ai peine à digérer la chose », je ne comprend pas. (Mais avec quelle adresse « diplomatique » je parle puisque je laisse entendre à notre ambassadeur que Charles II, allié de Louis XIV et qui vivait de ses subsides, tout en ayant, en effet, l'attitude d'un médiateur dans les négociations qui ont continué pendant la guerre, est agi par son peuple et par les Grands d'Angleterre et finira par donner sa fille en mariage à Guillaume d'Orange, notre principal adversaire). L'Angleterre serait-elle le chat ?

Et cependant la guerre continue. Mais je suis inquiet. Louis, notre roi, pourra-t-il triompher de toute l'Europe coalisée si l'Angleterre passe dans le camp de la Hollande, de l'Espagne et de l'Empire ? Empêchez ce nouveau coup de la fortune qui est imminent mais n'a point encore eu lieu.

L'ambassadeur, avons-nous dit, ou le pouvoir ou l'agent

de l'histoire : à préciser. M. de Barillon ne la fait pas véritablement, il est le représentant de celui qui la fait, de Louis, nouvel Hercule face à l'hydre. Précisément encore, il « parle » l'agent de l'histoire. Il fait l'histoire par le discours en son nom : le pouvoir de faire l'histoire de M. de Barillon est celui de Louis par délégation et ce pouvoir est celui du discours. « Si votre esprit plein de souplesse, / Par *éloquence et par adresse,* peut adoucir les cœurs et détourner ce coup... » Discours du détour, de la diversion, de la ruse : produire un événement historique négatif ; que l'Angleterre n'entre pas en guerre, qu'elle reste neutre, médiatrice, arbitre... Empêchez que l'Angleterre soit le chat, en étant, vous, plus malin que Raminagrobis.

Autrement dit, vous et moi, tenons le même discours, moi à vous en vous incitant à relire ma fable pour résoudre, par son application, le problème politique que vous avez sur les bras ; vous, aux Anglais, en les incitant par éloquence et adresse à *ne point* intervenir. Vous et moi sommes des êtres de discours, moi par mes contes vulgaires, mes vers et leurs grâces légères, vous par éloquence, mais avec cette immense différence, qui fait toute la différence, que votre discours, et son pouvoir, n'est que le représentant de la puissance de l'Etat, du roi, tandis que le mien n'est qu'un jeu : le mien est sans pouvoir, il ne représente rien, mais je retourne contre vous — pour rire — votre propre pouvoir ; moi qui suis en dehors du coup, je le détourne contre vous — puisque vous me lisez alors que vous avez d'autre chose à faire — par un trait de fable. « Approchez, approchez, vous avez bien d'autres affaires à démêler que les débats du lapin et de la belette, ma voix est légère et de peu de poids, approchez... — Mais qu'est devenu le chat ? — Devinez, ou plutôt je vais essayer de vous le dire... Décidément, il se pourrait bien que je fusse le chat. »

Si vous empêchez l'intervention anglaise, si vous détournez le coup, si vous faites la paix (au lieu de faire la guerre), « je vous sacrifierai cent moutons ; c'est beaucoup / Pour un habitant du Parnasse ». Le piège est presque monté. Je récapitule : au point de départ, peut-il y avoir un rapport entre un ambassadeur du roi et un faiseur de vers et de contes ? Lisez, ne lisez pas, une de mes fables, vous vous apercevrez, me lisant — ma fable de jadis, cette fable-ci — qu'il y a un rapport. Vous cherchez le chat. Le cherchant, vous découvrez que ce rapport est un contrat et que vous devez obligatoirement le conclure puisqu'il consacrera le but même de votre mission. Si par votre discours éloquent vous faites la paix, je vous sacrifierai cent montons. Par cette promesse, je vous manifeste ma reconnaissance pour un succès que vous voulez mais que vous n'avez point encore obtenu. Ici maintenant vous avez ma promesse. *Speech act,* performatif : disant, je fais. A vous qui n'avez point encore fait. J'anticipe ce que votre discours obtiendra par le fait présent de mon acte de langage. Autrement dit, vous êtes obligé de faire la paix, de détourner le coup, d'empêcher qu'on nous mette (qui, on ? pourquoi pas Louis ou Guillaume d'Orange ?) toute l'Europe sur les bras. Vous êtes coincé dans le piège d'un seul coup de parole ; oui, je suis le chat qui, en vous croquant en parole, ajoute, les yeux au ciel, qu'il se sacrifie en sacrifiant cent moutons. N'est-ce pas beaucoup, beaucoup trop pour un faiseur de vers ?

Vous protestez ? « Non, non, c'est trop. D'ailleurs, il n'est pas certain que je réussisse. » Vous essayez de sortir du piège. « Cependant faites-moi la grâce / De prendre en don ce peu d'encens. / Prenez en gré mes vœux ardents / Et le récit en vers qu'ici je vous dédie. » Certes, je reconnais que cent moutons, c'est beaucoup, mais, en attendant la réalisation du contrat, je vous donne un gage, le dépôt de ce poème entre vos mains pour la garantie de ma promesse, pour le bonheur de mon acte de langage et ce gage, il vous est impossible de le refuser puisque vous l'avez déjà, puisque déjà vous le consommez en le lisant, en humant l'encens et les grâces légères de mes vers.

Le piège de discours à nouveau se referme, plus étroitement encore, sur le lecteur : non seulement le contrat impossible entre l'agent de l'histoire et le raconteur d'histoires est conclu. Mais encore le contrat est « léonin », puisque le premier est condamné à faire la paix ; le récit, gage de la promesse, est déjà écrit et en train d'être lu.

Mais pourquoi donc le destinataire accepterait-il le don du poète ? Et, précisément, le récit en vers qui va suivre, gage du sacrifice, signature du contrat ? Tout simplement parce que ce récit est annoncé comme un parfum, substitut symbolique de la graisse et des os des cent moutons du sacrifice dont la promesse vient d'être faite. Un parfum, un encens ? Il donnera du plaisir. Il suffit d'attendre encore un instant avant que vous écoutiez votre *éloge*. Mais comment un récit peut-il être éloge et par là source de plaisir ? Voilà qui n'est pas dit. Mieux encore, le récit épidictique est annoncé, mais il est dit également que l'éloge ne sera pas dit, seulement le conte. Je vous annonce que, pour avoir du plaisir, vous devrez chercher comment le récit que je vais raconter pourra être à votre louange. « Son sujet vous convient ; je n'en dirai pas plus ; / Sur les éloges que l'envie / Doit avouer qui vous sont dus / Vous ne voulez pas qu'on appuie. » La tactique de ruse est peut-être plus subtile encore, puisque le futur narrateur précise que le sujet du récit convient à son lecteur, à sa situation présente d'ambassadeur du roi, mais il ne dit pas quel est ce sujet : promesse seulement d'une vérité de l'histoire qui se fait. Cette vérité est à découvrir : « Je n'en dirai pas plus. » Mais il est annoncé également que cette vérité à découvrir sera éloge du dédicataire du récit, éloge promis, promesse de plaisir. L'appât que le faiseur de contes présente pour maintenir l'homme d'Etat dans le piège de la lecture est une « vérité politique » à *trouver* parce qu'elle fera plaisir. Pouvoir du récit : le plaisir à venir d'une vérité qui est la vérité du plaisir. Le ressort du piège monté par le discours de dédicace est de dire au pouvoir politique que sa vérité n'est pas politique mais de *désir* et que le récit que le poète lui donne est seul capable de le satisfaire. Car, à condition de chercher un peu — donc de poursuivre la lecture —, il lui offrira à la fois la vérité de la situation politique et de l'action qu'il y mène et le plaisir de cette vérité : son éloge. Mais celui-ci ne sera pas dit. Mieux encore, le poète dit que le dédicataire ne veut pas que cet éloge soit dit. Et c'est là le plaisir, accomplissement du désir. Le ressort érotique du piège tient précisément à ce que ni la vérité du conte et donc de la situation politique du pouvoir ni la louange de ce pouvoir ne seront énoncées. Lire consistera à extraire du récit et l'une et l'autre, bref à se maintenir volontairement dans le piège pour savoir et pour jouir. Puissance du *discours* du poète : plaisir d'*attendre* le *plaisir* du récit.

Le voici : « Dans Athène autrefois, peuple vain et léger, / Un orateur, voyant sa patrie en danger, / Courut à la tribune... »

Son Excellence comprend immédiatement : « L'orateur, c'est moi, représentant du roi à Londres pour détourner par éloquence et par adresse le coup de l'entrée en guerre de l'Angleterre contre nous... » Je parie qu'il est un peu déçu par la simplicité de cette lecture. « Son sujet me convient trop bien, trop facilement. » Mais voici que ce récit ne lui fait pas du tout plaisir, car ce qu'il conte, c'est l'impouvoir du discours, l'anecdote de l'éloquence impuissante, de la parole inefficace de l'orateur athénien. Malgré son art tyrannique, la violence de ses figures, la force de sa voix, nul ne s'émeut, nul ne se meut à l'action. Catastrophe : « Les Anglais ne m'écoutent pas. Le poète y va trop fort : ce qu'il m'annonce, c'est l'échec de ma négociation parce que mon discours est sans pouvoir : l'éloge promis est un blâme. »

« Que fit le harangueur ? Il prit un autre tour. / "Cérès, commença-t-il, faisait voyage un jour / Avec l'anguille et l'hirondelle. / Un fleuve les arrête, et l'anguille en nageant, / Comme l'hirondelle en volant, Le traversa bientôt." »

Un deuxième récit naît, une fable, dans la bouche de l'orateur politique athénien : un récit de pure fiction, une allégorie narrative est produite par l'acteur du récit historique, comme une nouvelle séquence de l'histoire. Autrefois, à Athènes, vraisemblablement lors des entreprises de Philippe, roi de Macédoine, un orateur (Démosthène ?) tenta d'émouvoir ses compatriotes à la résistance contre lui : les faire sortir de leur neutralité, de leur passivité, les engager à entrer en guerre. Cette histoire passée est le chiffre ou le code de la situation politique contemporaine, de l'histoire présente en train de se faire à Londres et ailleurs. Mais ce code est étrange, ce chiffre est énigmatique, puisque M. de Barillon, à l'inverse de « Démosthène », tente d'empêcher l'entrée en guerre des Anglais, aux côtés de la coalition européenne contre Louis XIV : récit historique d'un discours mais ce que le discours politique est impuissant à obtenir, malgré sa force et son pouvoir de crédibilité, le récit fictif incroyable, la fable avec sa gratuité, son désintéressement, son jeu réussira-t-elle à le réaliser ?

Cérès, déesse de la terre féconde et des moissons, divinité des fruits de la paix, faisait voyage avec l'anguille, animal de l'*eau* et l'hirondelle, animal de l'*air*. Et si l'on est plus savant encore (mais on pourrait le deviner en rêvant sur l'une et l'autre), on notera que la première est l'animal de la mauvaise fortune et la seconde, celui de l'amour impartial. La terre, l'eau et l'air ; la paix, la duplicité du hasard et l'amour équitable ; Cérès, l'anguille et l'hirondelle en voyage furent arrêtés par une rivière. Obstacle, interruption du parcours, suspens... L'anguille la traversa en nageant et l'hirondelle en volant... Premier dénouement, mais incomplet. Nouveau suspens plus fort que le premier. Et Cérès, que fit-elle ? Qui parle ? Qui pose la question ? L'assemblée du peuple à Athène pour une fois unanime ? M. de Barillon, l'ambassadeur à Londres ? Vous et moi ? La question interrompt la fable comme la rivière, le voyage de Cérès. L'orateur-narrateur, interrompu par son auditoire et son désir de savoir la fin du conte, répond : point cependant au niveau de l'énoncé narratif mais à celui de l'énonciation (représentée dans le récit historique). « Cérès, que fit-elle ? / — Ce qu'elle fit ? Un prompt courroux / L'anima d'abord contre vous. » L'acteur de la fable, Cérès, agit — dans la fable ? à sa limite ? — contre ceux qui en écoutent la narration. Deuxième réponse de l'orateur — revenu à son rôle politique — sous la forme d'une double question : « Du péril qui le menace, lui seul entre les Grecs, il (le peuple de Cérès) néglige l'effet ? Que ne demandez-vous ce que Philippe fait ? » Le péril, c'est Philippe, mais Philippe, c'est aussi Cérès. Et Cérès, que fit-elle ? Que ne demandez-vous ce que Philippe fait ? Et le péril pour Cérès, n'était-ce pas la rivière infranchissable, l'*aporie* du fleuve ? *L'allégorie de la fable est une aporie pour le désir de savoir* : l'analyse structurale s'y casse les dents (puisque Philippe est à la fois la rivière et la déesse) et, avec elle, le pouvoir du code, puisque soudain il se met à glisser comme anguille entre les doigts. Tout simplement parce que la fable n'avait pas, dans la bouche de l'orateur athénien, pour première fonction d'être un objet de savoir, un artefact théorique, mais seulement un piège à écoute ; mais ce piège à écoute ne fonctionne, il n'attrape l'auditoire que parce que son ressort est le désir de savoir et de vérité de ceux qui écoutent la fable. Et c'est parce que ce désir est frustré que la fable fait son effet et opère sa fonction pragmatique : « A ce reproche, l'assemblée / Par l'apologue réveillée / Se donne entière à l'orateur. / Un trait de fable en eut l'honneur. » Les Athéniens agissent. Le pouvoir de l'orateur n'est donc point celui de l'éloquence, le discours, ses figures et ses images, mais celui du récit : pouvoir de la fable, mais à condition de le bien entendre. La question du peuple manifeste son désir de savoir la suite et la fin de l'histoire. Cérès, que fit-elle ? La question de l'apprenti structuraliste manifeste son désir de savoir le code, la signification de l'allégorie. Philippe est-il Cérès, est-il la rivière ? Ou même, pour plus d'orthodoxie, la relation de Cérès à la rivière est-elle homologuable à celle de Philippe aux Athéniens ? Si oui, au prix de quelles transformations ? Dans tous les cas, il y a *aporie ;* dans l'énoncé narratif : la rivière est infranchissable ; dans l'énonciation énoncée : la fable est interrompue ; dans l'énonciation : la fable n'est pas décodable. Aporie : absence de chemin, absence de récit, absence de code. Mais tout se passe comme s'il devait y avoir un chemin, une fin narrative, un code explicatif. Donc, à tous les niveaux, excitation d'un désir de savoir, d'un désir du vrai : voilà le piège, piège à écoute, piège à lecture, piège à interprétation. Défaillance de la satisfaction de ce désir. Mais par cette excitation et cette défaillance, par le piège, action. En fin de compte, c'est *parce que l'orateur monte le piège et le montre* (le démonte) qu'il piège son auditoire, qu'il réalise son objectif, qu'il gagne. Mais il ne s'agit encore que du récit historique et de l'effet de la fable dans ce récit et celui de la fable. Je parie à nouveau que M. de Barillon s'interroge. Il se demande en quoi lui conviennent le sujet du récit et celui de la fable que le récit contient, en quoi récit et fable sont à son éloge.

D'où ses tentatives de décodage : si la fable, le récit allégorique, code l'histoire de l'orateur athénien, il essaye de trouver le code, Cérès en voyage avec l'anguille et l'hirondelle ou « Démosthène », le peuple d'Athène et Philippe, tous les trois, tous les six embarqués dans une même aventure. Son Excellence gage que l'anguille, animal aquatique, glissant, fuyant, c'est le peuple d'Athène ; Cérès, l'orateur impuissant ; Philippe, l'hirondelle ? Impossible. L'hirondelle ne menace point l'anguille, ni Cérès. De Barillon recommence : la question posée par la fable, c'est le problème d'une aporie, le franchissement d'un obstacle, la rivière : comment persuader le peuple ? Voilà la question. Cérès face à l'aporie de la rivière, c'est l'orateur devant l'assemblée du peuple qui ne l'écoute pas. Et Philippe ? Anguille et hirondelle à la fois. Il réussit, il franchit les obstacles, l'adversaire rusé. Mais les deux animaux sont-ils vraiment un péril ? Un danger pour la déesse ? Ce n'est guère satisfaisant. Cérès serait Philippe ? « Que ne demandez-vous ce que Philippe fait ? » L'hirondelle, l'amour équitable et impartial, l'orateur ? Et l'anguille, le peuple d'Athène ? Soit, mais l'hirondelle a franchi la rivière en volant et « Démosthène » à sa tribune ne trouve pas le chemin. Mais si, il le trouve : il raconte une fable, le peuple unanime le suit comme anguille nageant dans l'onde. Et Cérès-Philippe reste sur l'autre bord. Voilà la solution de l'énigme : sauf que, à en croire l'orateur, le premier acte de Cérès, aux bords où elle fut laissée, est la colère contre son peuple, la colère de l'orateur lui-même. Cérès n'est pas Philippe mais « Démosthène ». Et M. de Barillon est au rouet. Mais, étant très intelligent, il s'aperçoit que la question n'est pas de *décoder* la fable par le récit, mais de déchiffrer, par l'une et l'autre ensemble, sa propre situation « historique ». Il n'a point eu jusqu'ici beaucoup de succès diplomatique à Londres par son éloquence et son adresse. Que faire ? Question pragmatique : raconter une fable aux Anglais ? Vous voulez rire. Le sérieux du pouvoir absolu qu'il représente l'interdit. Aporie, la rivière est infranchissable. Il faut qu'à sa façon il découvre un piège. Lequel ? Comment ruser ? Trouver une voie dans ce qui n'est pas balisé, marqué. A vous de trouver. Mais alors pourquoi me raconter cette histoire et cette fable ? M'annoncer que son sujet me convient, me dire que vous écrivez, sans appuyer, mon éloge ? Quelle est l'utilité politique de votre fable sur le pouvoir des fables ? M. de Barillon se demande — parce qu'il est très intelligent, fin diplomate — si le poète ne se moque pas de lui. Détendez-vous, Excellence ; je n'ironise pas, je ne vous critique pas méchamment. Humour seulement : « Nous sommes tous d'Athène en ce point, et moi-même, / Au moment que je fais cette moralité, / Si Peau d'Ane m'était conté, / J'y prendrais un plaisir extrême. » Vous et moi, ambassadeur de

Louis et faiseur de vers légers et de contes vulgaires, nous sommes, l'un et l'autre, vains et légers, têtes frivoles : la preuve, vous m'avez lu alors que vous avez bien d'autres affaires à démêler et moi, justement inquiet de la situation politique et militaire, j'ai écrit une fable que j'ai eu la témérité de vous dédier. Mieux encore, au moment précis où, tirant la leçon de toute cette aventure à travers les apories du récit, du discours et du code, au moment même où j'énonce le principe de notre vanité, légèreté, frivolité, si un autre moi-même, vous, M. l'Ambassadeur — pourquoi pas ? —, me racontait un conte de fées, je m'interromprais dans ma mission de fabuliste, donneur de leçons, moraliste : j'y prendrais un plaisir extrême. Ainsi nous sommes, vous et moi ; il n'y a pas d'exception, il n'y a pas de maître. « La loi n'est pas elle-même légitime — même lorsque je dis qu'il n'y a pas de maître —, réglée par une toute-puissance, une toute-bonté, un tout-ordre ; il résulte qu'on n'a aucune garantie de s'y conformer... Il y aura donc entre l'établissement des contrats — et mon discours avait bien cette fin rusée — et leur accomplissement — le récit historique et la fable que je vous ai racontés — une sorte de jeu qui fait que vous ne saurez jamais si c'est parce que j'ai observé exactement le projet que ma fable, mon récit, mon discours sont bons, ou peut-être au contraire mauvais, ou si c'est parce que quelque chose s'est passé, qui n'était pas prévu dans notre contrat — " son sujet vous convient, sur les éloges... vous ne voulez pas qu'on appuie" — que ma fable, et ma méta-fable, sont mauvaises ou au contraire bonnes » (J. F. Lyotard, *Les transformateurs Duchamp*). J'appelle ce jeu inquiétant : plaisir extrême.

Pouvoir des fables ; raconter une histoire, c'est offrir à celui qui m'écoute la satisfaction imaginaire d'un désir, le bénéfice d'un plaisir. Quel est ce désir ? Celui de savoir, désir théorique, désir de vérité. Mais ce savoir, cette théorie, la vérité n'est jamais dite dans l'accomplissement narratif, puisqu'il est imaginaire, puisque ce que le récit donne à lire, à entendre, à voir n'est que le monde possible, fictif, de l'accomplissement du contrat initial (je raconte, tu m'écoutes). D'où le désir dans ce désir que le monde possible soit le monde réel ; mais le poète se garde bien de signifier à l'ambassadeur le chemin dans l'aporie. Non seulement il n'enseigne pas ce qu'il faut savoir, la vérité, la réalité, mais il déclare que lui-même enseignant et disant la vérité est traversé du même désir que celui qui l'écoute, saisi par la même fiction, qu'il n'est pas d'autre vérité que celle-là. Mais il fait plaisir en racontant son histoire. Il satisfait son propre désir, le désir de son lecteur par l'imaginaire d'un monde possible : pouvoir de l'affabulation. Toutefois, il le *montre* sans autre détour que de signifier qu'il est sujet de son propre pouvoir. Le bénéfice de plaisir est l'instrument-piège d'une résolution, d'une volonté, d'une action. Ce qui peut la déclencher : la fiction, c'est-à-dire la volonté de modeler, de figurer le monde possible en monde réel ; la fable, modèle praxique incertain. Le plaisir n'est ici ni une fin ni un commencement. Mais un moyen de moyens. Autrement dit, faire en sorte que le pouvoir ne soit jamais absolu ou assumer cette vérité incertaine, théorique-pratique, que le pouvoir n'est jamais absolu, mais qu'il tend par essence à l'être, donc qu'il l'est toujours. Jamais, toujours : aporie théorique. Mais pratiquement il y a un chemin : en écrivant la contradiction sous cette forme : le pouvoir n'est *presque jamais* absolu, c'est pourquoi il l'est *presque* toujours ; le « presque », ce modalisateur de la nécessité et de l'universalité désigne le lieu ponctuel instantané des petites actions défensives fictives contre le pouvoir absolu comme celle que je viens de lire au livre VIII des *Fables* où La Fontaine démonte le piège de l'absolu pouvoir en montant et démontant les pièges multiples du discours et du récit.

> « Le monde est vieux, dit-on, je le crois ; cependant
> Il le faut amuser encor comme un enfant. »

Ne pas oublier ces deux derniers vers du *Pouvoir des fables,* car ils sont, dans leur banalité, les plus énigmatiques. Voici d'abord un « on-dit » qui n'est à personne. *Doxa vaga,* sapience collective répétée depuis l'origine. Depuis toujours déjà on dit que le monde est vieux. Il n'y a pas de commencement. Il n'y a pas de jeunesse du monde. Ses aurores sont depuis toujours des crépuscules : telle est la sagesse, toujours sénile. Ce « on-dit », je me l'approprie, non comme un savoir certain mais comme une opinion, une croyance. « Comme tout le monde », je crois que le monde est vieux. Je ne suis pas un penseur d'avant-garde, une exception. Je ne suis pas un maître. Je pense, je crois comme tout le monde croit. *Doxa vaga.* Cependant... rejet. Bien comprendre la transition insensible par laquelle la simultanéité temporelle qui est signifiée par la conjonction prend le sens adversatif : toutefois. Pendant que toute la vieillesse du monde est répétée, depuis toujours, par le « on-dit », pendant ce temps-là dont il n'est pas possible de sortir, une obligation, aussi impersonnelle que le « on-dit » de la vieillesse, injonction errante comme elle, destin ou fortune, celle du jeu. Constat de sagesse sénile : le monde est vieux. Injonction qui en découle : il le faut amuser *encore* comme un enfant. C'est parce que le monde est vieux — depuis toujours — qu'il faut depuis toujours l'amuser comme s'il était un enfant, mieux encore, sa vieillesse *est* enfance, son crépuscule est depuis toujours une aurore. Cette sagesse sénile et sérieuse qui est la sienne, il faut la retourner dans la légèreté enfantine d'un jeu, un jeu qui là encore doit être bien entendu. Amuser, c'est donner du plaisir, c'est aussi faire perdre du temps, divertir et leurrer par de vaines espérances. Tout ce temps amassé par la sagesse, capitalisé par le sérieux d'une mémoire enseignante, d'une maîtrise de savoir collectif, réservé dans les leçons que l'on dit d'une vérité, qui n'est à tous que parce qu'elle n'est à personne, tout ce temps-là, il faut le dépenser, d'un seul coup, dans le divertissement de l'apparence : tel est le pouvoir de la fable consubstantiel au pouvoir universel ; consubstantiel, parce que le conteur de la fable ne tirera son pouvoir que du pouvoir universel qui est à son écoute. Dans son désir de pouvoir, le pouvoir écoutera toujours la fable comme si elle détenait le secret du savoir (la fin, le code, le sens) de la vérité qui le rendra absolu — c'est-à-dire sans reste, sans extériorité. Et le conteur — s'il est rusé — laissera toujours apparaître un résidu à *deviner,* à inventer, qui rendra tout le savoir (et la vérité) incertain. Cela veut dire ceci, mais aussi bien cela, et peut-être encore autre chose. Ainsi le pouvoir — et le savoir du pouvoir — se disperse-t-il par son désir même de pouvoir dans les fables et les contes. Ainsi perd-il *son* temps dans les apparences ; ainsi est-il diverti par l'amusement ; ainsi joue-t-il comme un enfant. « Pourquoi faut-il s'émerveiller / Que la raison la mieux sensée, / Lasse souvent de trop veiller, / Par des contes d'Ogre et de Fée / Ingénieusement bercée, / Prenne plaisir à sommeiller ? »

II. bagatelles pour meurtres

« Quant au parti de rester neutre, je ne crois pas qu'il ait jamais servi personne, quand celui qui le prend est moins fort que les combattants, et qu'il se trouve placé au milieu ; car vous saurez d'abord qu'il est indispensable à un prince de se conduire à l'égard de ses sujets, de ses alliés et de ses voisins de manière à n'en être ni haï ni méprisé ; qu'il doit choisir à tout prix : qu'il se moque de la haine, mais qu'il évite le mépris.

....

Que l'on jette les yeux sur les Etats pontificaux, sur leur emplacement, sur leurs enclaves, et sur le théâtre de la guerre, et l'on verra clairement que le pape est l'un de ceux qui ne peuvent pas rester neutres, ou que, s'il reste tel, il encourt la haine tant du vainqueur que du vaincu, qui voudront tous les deux lui nuire, l'un pour se venger et l'autre pour s'arrondir. »

N. Machiavel, Lettre à Francesco Vettori, 20 décembre 1514,
in *Œuvres complètes,* éd. La Pléiade, p. 1448.

Je propose de lire, de près, deux petits récits que l'on trouve dans les *Mémoires* de Retz : je les articule l'un à l'autre parce qu'ils se suivent dans la narration du cardinal, même si le second y est présenté sous forme d'une digression. Je les ai choisis parmi beaucoup d'autres parce qu'ils racontent, l'un et l'autre, un assassinat politique. Mais ces deux meurtres sont très différents : l'un est manqué, l'autre est réussi, le premier vise l'élimination physique de l'adversaire par un instrument matériel : le poignard ; le second réalise son élimination politique par celui du langage et, précisément, un mot d'esprit. Dans les deux cas, il s'agit de tuer, mais point par les mêmes moyens. On y découvre alors que le langage employé dans des circonstances déterminées, et pour répondre à une situation spécifique, peut être une arme aussi puissante et efficace que le couteau. Dans les deux cas, enfin, sont construits des pièges, à la faveur d'une occasion qui survient et qu'exploitent les acteurs historiques, piège matériel dans le premier, une porte que le duc de La Rochefoucauld pousse et ferme sur le corps de Retz, et que celui-ci, qui en a réchappé, retourne dans un contre-piège, mais verbal dont l'enjeu et l'effet sont, en fin de compte, les mêmes ; piège de langage dans le second cas, mais que la victime — le duc de Beaufort — construit lui-même par ignorance des règles de l'action politique et que Retz fait fonctionner par le jeu des mots, avec une efficacité parfaite. Les deux récits, l'un à l'autre liés, sont de tactique : l'un et l'autre exploitent une occasion qui se présente, voulue par personne, un *kaïros* offert par la Fortune, au milieu des calculs stratégiques et des programmes d'action politique ; l'un et l'autre opèrent des retournements, des détournements, ou des renversements de forces, les unes physiques, les autres de langage. Deux exemples de guérilla dans les plans de la guerre, sans principes théoriques ni finalités pratiques mais point sans règles particulières, ni objectifs déterminés.

Un mot encore pour signifier que nous ne sommes point aussi innocents qu'on pourrait le croire : l'un et l'autre récits sont écrits pour la destinatrice des *Mémoires* (Mme de Sévigné ?). Les tactiques qu'ils décrivent sont dès lors nécessairement subordonnées, dans leur *narration,* aux intentions de cette entreprise d'écriture dont le résultat est ce qui s'appelle les *Mémoires* du cardinal de Retz. Les tactiques sont donc partie d'une stratégie dont les *objectifs* sont rétroactifs : réécrire une histoire déjà faite, et parfois, souvent, presque toujours, la réécrire autrement, et les *effets* prospectifs : dégager par là des modèles d'action politique qui peuvent être utiles dans des situations semblables ; stratégie fictive donc, soit sur le mode de l'irréel passé, écrire ce qu'il aurait fallu dire ou faire pour obtenir tel résultat et qui n'a pas été dit ou fait, soit sur celui du futur conditionnel, écrire ce qu'il faudrait dire ou faire si des circonstances analogues se produisaient à l'avenir ; stratégie fictive, c'est-à-dire simulation dans l'écriture des rapports de force réels et des mécanismes des possibles de leur manifestation et de leur transformation.

Retz raconte, dans ses *Mémoires,* la tentative d'assassinat dont il fut l'objet au parlement de Paris. Il ne nous importe guère aujourd'hui d'en connaître le contexte politique : Retz est du parti de la reine pendant l'absence de Mazarin et s'oppose à Condé : « La reine fut transportée de joie de voir que M. le Prince avait trouvé des gens qui lui pussent disputer le pavé. »

Une séance au parlement de Paris que les deux adversaires ont investi de leurs hommes ; un dialogue de provocation et de défi entre eux ; la cohue qui s'élève. Cohue que les présidents du parlement calment un moment en obtenant de Condé qu'il fasse sortir de la salle tout ce qu'il y avait de noblesse et de gens armés. Condé accepte et prie M. de La Rochefoucauld de l'aller dire, de sa part, à ses amis. Retz fait de même : « Je vais prier les miens de se retirer. » Première imprudence que note Retz, quelque vingt années plus tard, en écrivant ses *Mémoires :* « Il n'est jamais permis à un inférieur de s'égaler en parole à celui à qui il doit du respect, quoiqu'il s'y égale en action. » Imprudence suivie immédiatement d'une autre tout aussi sotte, remarque Retz. « Vous êtes donc armé ? » lui dit le jeune d'Avaux, futur président de Mesme. « Qui en doute ? » lui répond-il. Imprudence, car il n'est jamais permis à un ecclésiastique de confesser qu'il est armé, même quand il l'est. « Il y a des matières sur lesquelles il est constant que le monde veut être trompé. Les occasions justifient assez souvent, à l'égard de la réputation publique, les hommes de ce qu'ils font contre leur profession : je n'en ai jamais vu qui les justifient de ce qu'ils disent qui y sont contraires. »

Dans les deux cas, donc, l'imprudence (ou la sottise) est de langage. Retz peut être l'égal de Condé dans l'action : il ne lui est pas permis de s'égaler à lui en parole. L'occasion peut justifier ce qu'il *fait* contre sa profession (ecclésiastique). Jamais l'occasion ne justifie ce qu'il *dit* contre elle. Il y a les forces que met en jeu l'action politique qui sont une chose et il y a celles que met en jeu le discours politique qui en sont une autre. Parler est une force ; dire est une puissance qui relève de règles et de principes différents de ceux de l'agir, même si le discours est une partie, et point négligeable, du corps-à-corps politique. Dire, c'est faire ; mais il est des cas où il convient de faire sans dire, ou de dire autre chose que ce que l'on fait ou de faire autre chose que ce que l'on dit. Dire et faire sont également des stratégies et des tactiques, mais autres. Il était sage pour le coadjuteur d'être armé mais il était sot de le dire. Il était habile pour lui de retirer du parlement ses amis comme Condé l'avait fait, mais il était imprudent de le dire, car c'était s'égaler en parole à un prince du sang, se placer par cet ordre dans une position équivalente, *signifier* une égalité des forces en conflit quand bien même la situation *référente* était celle d'une égalité des forces. Ces imprudences et ces sottises impliquent que le discours a une puissance propre, qui modifie positivement ou négativement le rapport conflictuel des puissances qui est, en dernière instance, un corps-à-corps physique, à tout le moins potentiel. Partie de l'action (politique) parce que le discours est une force, comme les corps, mais d'un autre ordre qu'eux, c'est-à-dire ayant d'autres principes, d'autres règles, d'autres effets. Tout ce qui se passe dans ces quelques pages des *Mémoires* de Retz est situé très précisément à l'articulation des paroles et des corps, de leurs forces propres mais combinées.

LE PIÈGE DE LA CHOSE.

> « Comme je sortais de la grande Chambre, je rencontrai, dans le parquet des huissiers, M. de La Rochefoucauld qui rentrait. Je n'y fis point de réflexion et j'allai dans la Salle pour prier mes amis de se retirer. Je revins après le leur avoir dit ; et comme je mis le pied sur la porte du parquet, j'entendis une fort grande rumeur, dans la salle, de gens qui criaient : "Aux armes !" Je me voulus retourner pour voir ce que c'était ; mais je n'en eus pas le temps parce que je me sentis le cou pris entre les deux battants de la porte, que M. de La Rochefoucauld avait fermée sur moi, en criant à MM. de Coligni et de Ricousse de me tuer. Le premier se contenta de ne pas le croire ; le second lui dit qu'il n'en avait point d'ordre de M. le Prince. »

Deux partisans de Retz soutiennent un peu un des battants de la porte « qui ne laissait pas de me presser extrêmement. M. de Champlatreux qui était accouru au bruit, me voyant

dans cette extrémité, poussa avec vigueur M. de La Rochefoucauld. Il lui dit que c'était une honte et une horreur qu'un assassinat de cette nature. Il ouvrit la porte et me fit entrer ». Voici donc un piège : une porte de parlement de Paris, deux lourds battants et Retz sur le seuil, entre l'intérieur et l'extérieur, à cette limite, sur une charnière. Coincé par le cou, en danger extrême d'être assassiné. « Pesche, un fameux séditieux du parti de M. le Prince qui n'avait qu'à faire un demi-tour à gauche pour me donner du poignard dans les reins. » Un piège sans phrases : un dispositif ou une machine improvisée pour tuer, en réduisant un corps et sa force à l'impuissance, à l'immobilisation. Habituellement, une porte n'est pas un instrument de guerre. En un instant, ici elle le devient. Décrire une porte : comment une porte peut-elle être un piège ?
Porte : 1. Ouverture donnant entrée dans un lieu fermé ou enceint ; 2. Appareil mobile qui sert à fermer une ouverture servant d'entrée ; 3. Issue percée dans un mur pour permettre de passer de l'extérieur à l'intérieur d'une habitation, d'une ville.

Une porte, appareil de la limite entre deux espaces : une ouverture-fermeture, l'entrée du clos mais aussi la clôture de l'ouvert, disponible aux contraires. D'où sa mobilité, en l'occurrence représentée par les deux battants pivotant autour des axes fixes, les dormants du châssis, formant encadrement ; une machine possible de coincement : le corps de Retz coincé en deux et immobile, par la double mobilité des battants ; impuissant, offert au poignard d'un côté, sans voix de l'autre. Très exactement au lieu du neutre, ni dedans ni dehors et dedans et dehors à la fois, soumis à la double poussée des deux forces contraires de ses amis et de ses ennemis.

Toute la scène de l'assassinat manqué de Retz est étrange dans son récit : le plus extrême danger n'est pas sans quelque ridicule. Imaginez le coadjuteur coincé par un battant de porte. Mais nul n'en rit. Une mécanique est déclenchée, qui bloque le vivant et l'immobilise pour le coup de poignard. Si le rire ne surgit pas, c'est peut-être que la mécanique est un *piège* monté (ou plutôt bricolé) dans l'instant par La Rochefoucauld qui saisit, dans la porte qui s'ouvre et se ferme, l'occasion d'un meurtre et aussi que la mort est au terme de la machination.

Etrangeté onirique : tout se joue dans un encadrement et sur la limite de la scène elle-même, mais le jeu est en quelque sorte arrêté. C'est l'immobilité, l'impuissance sur cette limite qui lui donne à la lecture une force obsessionnelle. Enfin, et surtout peut-être, l'incident de la porte ouverte et fermée, et dans laquelle l'acteur historique est coincé sans mouvement, est fragmenté, dans le récit, en morceaux inconsistants dont la cohérence est difficilement reconstruite dans le temps de la narration. Retz raconte l'incident qui a failli lui coûter la vie. Mais il ajoute — position du conteur et non de l'acteur — que ce danger mortel ne fut pas le plus grand de ceux qu'il connut dans cette occasion. Car l'occasion eut un début et une fin. Premier fragment de la scène : le corps coincé entre les deux battants de la porte, les reins offerts au poignard : voilà le cœur de l'occasion. Deuxième fragment : un cri, une fort grande rumeur « Aux armes ! » C'est cette rumeur qui provoque le retournement du corps de l'acteur. « Je me voulus retourner pour voir ce que c'était. » Retournement impossible car il est déjà coincé : « Je n'en eus pas le temps parce que je me sentis le cou pris entre les deux battants de la porte... » Or, c'est le récit du cri qui fait suite et que Retz ne peut pas faire, puisqu'il ne voit rien. Il est déjà pris au piège de la porte. Qui raconte donc ? Retz, bien sûr, mais un autre que celui qui est immobilisé entre les deux battants de la porte. Ce récit est étrange, puisqu'il occupe, dans le texte, le lieu de l'*interruption,* le coincement du corps dans le piège et qui interdit à l'acteur de voir ce qui se passe au-delà de la porte. Or ce récit, raconté par Retz et par personne, est aussi un récit d'interruption : « Tout le monde crie " Aux armes ! " Chacun les prit. Mes amis mirent l'épée et le poignard à la main ; et par *une merveille qui n'a peut-être jamais eu d'exemple,* ces épées, ces poignards demeurent *un moment sans action...* » Valeur de suspens : les gestes n'arrivent pas à leur terme, les intentions s'immobilisent dans un instant sans durée et qui dure une éternité. Voilà le miracle sans exemple. Et c'est dans ce moment sans action que Crenan, qui est à la fois du côté de l'ennemi — il commande la compagnie de gendarmes de Condé — et du côté de Retz — — il est aussi de ses anciens amis —, c'est dans ce moment neutre qu'un acteur *entre* les deux camps et appartenant miraculeusement *à l'un et à l'autre* crie à son tour : « Que faisons-nous ? Nous allons faire égorger Monsieur le Prince et Monsieur le Coadjuteur. Schelme (coquin) qui ne remettra l'épée dans le fourreau ! » Dans l'instant sans durée du neutre, au moment en suspens où les corps vont s'affronter, mais où, comme dans les rêves, ils n'arrivent pas à se toucher, dans cette interruption des actes, un acteur « complexe » — ami et ennemi à la fois — parle : il *parle* le neutre dans le « neutre », il dit l'un et l'autre des contraires affrontés et leur réduction à zéro : il réalise, par la voix, l'interruption : « *Cette parole,* proférée par un des hommes du monde dont la valeur était la plus établie, fit que tout le monde, sans exception, suivit son exemple. » Et Retz de conclure : « Cet événement est peut-être l'un des plus extraordinaires qui soit arrivé dans notre siècle. » Et plus extraordinaire, ajouterons-nous, pendant tout cet instant sans durée, pendant ce suspens, Retz coincé dans la porte ouverte et fermée, qui veut voir ce qui se passe et ne le peut et cependant voit et raconte le miracle du siècle.

Il y a un instant, Retz, par deux fois, a parlé pour ne rien dire ou plutôt il a parlé pour dire ce qu'il faisait et cette parole redoublant l'acte se trouve être une sottise, parce que ses effets se trouvent contraires à ceux de l'acte accompli : le discours compromet l'action alors que cependant il la reproduit. Une curieuse et énigmatique logique alors s'institue. L'acteur est coincé sans phrases, sans discours, entre les deux battants d'une porte : punition immanente de l'imprudence du discours précédent. Mais voici que, pendant ce temps d'interruption — mais qui parle alors ? Retz, un autre Retz ? —, le discours d'un autre réalise le neutre où Retz se trouve coincé, réalise en voix le suspens et l'interruption du corps de l'acteur. Une parole fait être l'arrêt d'un combat qui n'a pas commencé.

Troisième fragment, fin du moment de l'occasion, si l'on croit Retz, alors que, dans le temps chronique du récit, il se trouve être contemporain de son début. « La présence de cœur et d'esprit d'Argenteuil ne l'est guère moins (extraordinaire que l'événement précédent). Il se trouva, par hasard, fort près de moi quand je fus pris au cou dans la porte et il eut assez de sang-froid pour remarquer que Pesche, un fameux séditieux de Monsieur le Prince, me cherchait des yeux, le poignard à la main, en disant : "Où est le coadjuteur ?" » Que fait alors Argenteuil ? Au lieu de faire retraite vers ses amis et mettre l'épée à la main, il juge qu'il ferait mieux d'observer et d'amuser Pesche, qui n'avait qu'à faire un demi-tour à gauche pour donner du poignard dans les reins de Retz. « Il exécuta si adroitement cette pensée, qu'en raisonnant avec lui et me couvrant de son long manteau de deuil, il me sauva la vie, qui était d'autant plus en péril que mes amis, qui me croyaient rentré dans la Grande Chambre, ne songeaient qu'à pousser ceux qui étaient devant eux. » Argenteuil parle à Pesche, l'assassin, mais pour ne rien dire, il l'amuse par son discours et le détourne du corps du coadjuteur toujours pris au cou dans la porte. Mieux encore, il efface ce corps de la vue de l'assassin en l'ensevelissant derrière son long manteau de deuil. Ainsi lui sauve-t-il la vie, par occultation, obnubilation de sa présence derrière l'écran mortel. Le piégé, Retz, n'existe plus dans la salle, ni pour l'assassin ni pour ses amis qui le croient rentré dans la Grande Chambre. On voit donc pourquoi Retz peut conter ce dernier incident comme la séquence finale de l'occasion, parce qu'à son terme il est *anéanti,* réduit à zéro : non seulement en effet il est *coincé* sur la limite sans pouvoir faire un mouvement, mais encore il est *gommé* par le manteau de son ami aux yeux de l'assassin comme à ceux de ses partisans. Tel est le cauchemar de Retz pris au piège. Dans le cadre de la scène entre intérieur et extérieur, entre actes des corps et paroles ou cris. Il semblerait même que les trois moments de l'occasion aient pour fonction d'inventorier trois types d'effets de discours dans leurs relations avec l'action directe. Premier type d'effet : la parole qui dit l'acte et, du même coup, en inverse le résultat. D'où le piège proprement dit qui laisse l'acteur sans acte et sans voix : impuissant. Deuxième type d'effet : la parole proférée au lieu même du neutre, de l'intervalle et de l'interruption, et qui le fait être, le réalise comme action suspendue des corps antagoniques. Troisième type, enfin : la parole qui amuse, le discours qui ne dit rien — vide de toute signification — et qui est cependant celui qui a le plus grand effet, puisqu'il fait disparaître un des adversaires, puisqu'il dérobe celui qui est en position de faiblesse aux coups du plus fort. Le discours d'Argenteuil et son manteau sont ici la transposition dramatique-historique de la nuée épiquemythique dans laquelle Athéna enveloppe le héros qu'elle protège pour le dérober à la lance de son adversaire. Trois fragments sans consistance narrative ; présentés comme trois séquences successives, comme l'occasion, son début et sa fin, ils sont en fait simultanés : un seul présent, celui du moment exceptionnel de *kaïros*. Mais ce qui n'apparaît pas comme une articulation du temps (seulement trois présents contemporains emboîtés) s'offre à la lecture comme celle de lieux de paroles et d'espaces d'actions dessinant le champ conflictuel d'une tactique dont les cris et les gestes sont les instruments presque imprévisibles. Retz indique, à la fin de ce court récit, quel avait été son calcul : il en souligne les difficultés et les risques qui découlaient de cette imprévisibilité même comme élément de ce calcul : « Il m'était important de laisser à ma conduite tout l'air de défensive, et je préférai cet avantage à celui d'une plus grande sûreté : il faillit m'en coûter cher. » Tout simplement sa propre vie.

Et voici maintenant le retournement du piège, un dialogue de défi et de provocation entre La Rochefoucauld et Retz. Retz : « M. de La Rochefoucauld a fait tout ce qui était en lui pour me faire assassiner. » La Rochefoucauld : « Traître, je me soucie peu de ce que tu deviennes. » — Retz : « Tout beau, notre ami La Franchise, vous êtes un poltron et je suis un prêtre : le duel nous est défendu. » Dialogue de provocation, surtout de la part de Retz, mais qui vise à interdire par les mots : « Le duel nous est défendu » toute résolution en actes du conflit. Ainsi, dans cette escalade, à nouveau le corps-à-corps se trouve interdit. Retz attaque : La Rochefoucauld a fait tout ce qui avait été en lui pour me faire assassiner, mais c'est un constat d'échec, puisque l'assassiné parle et dit l'intention de meurtre dont il a été l'objet. La Rochefoucauld rétorque par une dénégation implicite : « Tu m'intéresses si peu, tu es pour moi personne si négligeable que je ne peux avoir ourdi contre toi une entreprise d'assassinat. » Ce qui n'est point faux, car, nous l'avons vu, le futur auteur des *Maximes* a bricolé dans l'instant — et c'est cela, l'occasion — le piège de la porte. Mais il ajoute une insulte, « Traître », dont l'interprétation est délicate. Elle est en fait provoquée par le discours de Retz qui précède où celui-ci souligne la part prise à sa sauvegarde par Champlâtreux qui est attaché « jusque à la passion » à Condé, adversaire de Retz. Retz a donc été sauvé par un de ses ennemis, marque extrême de générosité qui place toutefois Retz dans une position de traîtrise « objective » ; non que Retz ait trahi, mais, devant la vie à un adversaire, il se trouve à la fois dans un camp et dans l'autre, comme il s'était trouvé à la fois dedans et dehors coincé par le piège de La Rochefoucauld.

A l'insulte, Retz rétorque à son tour, à la fois par le « quolibet » ironiquement contraire : « Notre ami La Franchise », et par un mensonge : « Vous êtes poltron », dont il est d'autant plus certain de l'effet que le duc était fort brave. La seule réponse possible qui est alors laissée à La Rochefoucauld ne peut être verbale, mais gestuelle ; non pas dire : « Je ne suis pas poltron, ce n'est pas vrai » (ce que Retz lui-même reconnaît), mais, tirant l'épée et sautant sur Retz, *montrer* par l'acte même — sans parole — qu'il n'est point lâche. C'est alors qu'à la double qualification du duc, le surnom La Franchise et la lâcheté, le coadjuteur oppose, non pas une qualité contraire qui serait sienne, mais seulement le terme définissant cyniquement son statut : je suis prêtre. « Traître » ; tu m'insultes et tu me provoques au combat. Or voici que je te qualifie élogieusement, mais par antiphrase, « La Franchise » et qu'à la faveur du changement d'une lettre je n'entends pas *ton* insulte mais le nom de *mon* statut, non pas « Traître » mais « Prêtre » et, du même coup, non seulement je ne tombe pas dans ta provocation mais je t'empêche de répondre à la mienne, car, en reformulant ton insulte, « (Tu es) traître », dans la déclaration objective, « Je suis un prêtre », je t'interdis, je bloque toute velléité de ta part de vider la querelle de mots dans le sang : « Le duel nous est défendu. » Telle est la revanche de Retz sur La Rochefoucauld et son piège : ce dernier avait laissé Retz sans mouvement et sans voix. Retz, retrouvant la parole, piège son adversaire en le *provoquant* verbalement au combat, à l'affrontement physique et en l'*interdisant* à la fois. Le piège *discursif* de Retz laisse M. La Franchise sans mouvement et sans voix : le double battant du langage de manipulation coince le duc entre le mot d'insulte et le duel, l'un et l'autre impossibles. Très exactement, Retz le neutralise comme la porte de la Grande Chambre poussée par La Rochefoucauld avait un moment neutralisé le coadjuteur.

Plus précisément encore, le retournement du piège physique en piège verbal et le coincement de l'adversaire dans et par les mots s'effectuent par la substitution « dialogique » d'un signifiant à un autre, la labiale « p » à la dentale « t », mécanisme phonologique, machine phonétique qui est en même temps une machination discursive de court-circuit entre réception et émission ; j'entends : « Tu es un traître » et je dis : « Je suis un prêtre » et, du même coup, je t'oblige à entendre « M. La Franchise (= traître par antiphrase), tu es un poltron », tout en t'interdisant de me répondre, donc en t'obligeant, toi qui es vraiment brave, à la conduite du poltron, en t'obligeant à rendre vrai mon mensonge par ton absence de réaction.

LE PIÈGE DU MOT.

« Il me semble que vous me demandez quel personnage M. de Beaufort jouait dans ces dernières scènes, et qu'après le rôle que vous lui avez vu dans les premières, vous vous étonnez du silence dans lequel il vous paraît comme enseveli, depuis quelque temps. Vous verrez dans ma réponse la confirmation de ce que j'ai remarqué déjà plus d'une fois dans cet ouvrage, que l'on ne contente jamais personne quand l'on entreprend de contenter tout le monde. M. de Beaufort se mit dans l'esprit, ou plutôt Mme de Montbazon le lui mit après qu'il eut rompu avec moi, qu'il se devait ménager entre la Reine et Monsieur le Prince, et il affecta même si fort l'apparence de ce ménagement qu'il affecta de se trouver tout seul, et sans être suivi de qui que ce soit, à ces deux assemblées du Parlement, desquelles je viens de vous entretenir. Il dit même, tout haut, à la dernière, d'un ton de Caton qui ne lui convenait pas : "Pour moi, je ne suis qu'un particulier qui ne me mêle de rien." Je me tournai à M. de Brissac, en répondant : "Il faut avouer que M. d'Angoulême et M. de Beaufort ont une bonne conduite." Ce que je ne proférai pas si bas que Monsieur le Prince ne l'entendît. Il s'en prit à rire. Vous observerez, s'il vous plaît, que M. d'Angoulême avait plus de quatre-vingt-dix ans, et qu'il ne bougeait plus de son lit. Je ne vous marque cette bagatelle que parce qu'elle signifie que tout homme que

> la fortune seule a fait homme public devient presque toujours, avec un peu de temps, un particulier ridicule. L'on ne revient plus de cet état, et la bravoure de M. de Beaufort, qu'il signala encore en plus d'une occasion depuis le retour de Monsieur le Cardinal, contre lequel il se déclara sans balancer, ne le put relever de sa chute. Mais il est temps de rentrer dans le fil de ma narration. »

Après l'assassinat politique-physique manqué, l'assassinat politique-verbal réussi.

Une digression, un excursus en forme de dialogue entre Retz et la destinatrice des *Mémoires :* figures rhétoriques-stylistiques d'encadrement du récit qu'il convient d'examiner de près pour la simple raison que le récit lui-même est parfaitement isomorphe à son cadre. C'est un dialogue aussi, mais très remarquable en ce que le mot que Retz adresse à Beaufort en réponse à sa remarque est *apparemment* adressé à un tiers pour qu'il soit *réellement* entendu par un quatrième : un dialogue donc, mais où l'allocutaire de Retz n'est pas celui qu'on pense, où la fonction d'allocution glisse continuement ou diverge successivement d'un acteur narratif à l'autre et où, dans cette digression, les forces de locution s'accumulent pour venir donner un coup de langage mortel à l'allocutaire initial. C'est cette machine dynamique de discours, productrice d'un surplus de force que ne contient pas assurément le « mot » du cardinal en lui-même, mais dont les effets sont particulièrement puissants : leur expression, dans la situation de locution, est la conduite — extra-langagière — du rire. Mais l'écrivain des *Mémoires* verbalisera cette expression dans une maxime politique d'abord et dans un modèle d'action politique ensuite qui en est la transformation.

Or l'encadrement de ce récit de dialogue est lui-même dialogue, mais là aussi remarquable, puisque l'énonciateur, Retz, se constitue en énonciataire d'une question que lui adresse celle à laquelle il s'adresse. « Il me semble que vous me demandez »... Par un embrayage fictif, Retz introduit son propre discours comme discours d'un autre, il met en scène un dialogue à partir de la narration en train de s'écrire. Premier déplacement donc : « J'écris que tu me dis que tu me poses la question suivante » ; l'allocutaire du locuteur *est* locuteur ;

déplacement immédiatement suivi d'un deuxième, puisque la question que tu me poses est en fait une question que tu te poses. « Vous *vous* étonnez du silence » ; le dialogue avec autrui est posé, par une nouvelle fiction, comme dialogue d'autrui avec soi. Fiction, simulation : tout se passe comme si, moi qui t'écris, j'entendais une question que tu te poses. Double relais de l'énonciation, double glissement de la fonction d'allocution. La question que je me pose en passant devient la question que tu me poses au passage et celle-ci n'est autre que la question que tu te poses à toi-même lisant ce que je t'écris. Autrement dit, je m'interroge, mais comme un autre moi, mon lecteur, s'interroge.

Or, ce qui est mis en scène par le dialogue intérieur de l'autre, c'est un dialogue, une scène de théâtre avec un personnage et un rôle nommés « duc de Beaufort ». Il se trouve — d'où la question — que ce personnage, qui était toujours en scène, a disparu dans les coulisses. Il est mort au langage, enseveli dans le silence, non pas le duc de Beaufort, être référentiel existant, mais « le duc de Beaufort », acteur de l'histoire dont le récit des *Mémoires* de Retz est la représentation narrative. Ce qui donc sera raconté dans un instant, c'est une mort au récit de l'histoire : je ne parlerai plus de Beaufort après cela, parce que Beaufort, rôle historique, a été assassiné d'un coup de langage. Le duc pourra *agir,* ainsi sa bravoure qu'il signala en plus d'une occasion ; mais ses actions ne seront plus *dites :* ce dire qui est l'exacte mesure de l'efficacité de l'agir, de son poids historique, de ses effets politiques. En ce sens, Beaufort est bien mort et enterré : il a été politiquement assassiné par un mot que Retz a prononcé et dont il va écrire le récit, mais ce mot n'est en fait que le coup de grâce dans un suicide historique qui trouve son expression dans une formule de Beaufort, celle justement à laquelle Retz répond indirectement. Trois niveaux énonciatifs fonctionnent dès lors en télescopage sur celui auquel nous donnons le même nom « Retz » : 1) Retz, énonciateur dans sa relation avec Mme de Sévigné (?), énonciataire ; 2) Retz, narrateur dans sa relation avec Beaufort, narrataire ; 3) Retz, acteur du récit qu'il raconte comme locuteur d'un mot dans sa relation à Beaufort, acteur narratif comme allocutaire de ce mot. D'ores et déjà, le petit récit fonctionne, à la faveur de ce télescopage, en piège du lecteur, puisque, lisant la manière et les raisons de la « mort » de Beaufort, c'est en fait un modèle d'action politique que nous acceptons comme démontré alors que nous sommes secoués du même rire que Condé : bref, nous sommes « liquidés » comme lecteurs, à la faveur de ce récit qui interrompt le récit des *Mémoires* et à la faveur du rire qui coupe le récit de cette interruption. Nous sommes devenus des simulacres d'acteurs politiques.

Reprenons : Retz annonce une réponse à la question de celle à laquelle il s'adresse et à laquelle il feint de répondre. Il répond alors deux fois, d'abord en anticipant la réponse que sera le récit de la venue de Beaufort à la séance de la Grande Chambre, et ensuite en « modalisant » cette réponse annoncée, en définissant par avance ses conditions d'écoute : « Je vais vous répondre, mais, avant de le faire, je vous réponds d'ores et déjà en vous disant ce que vous devrez comprendre. » Cette réponse à venir est déjà donnée, puisqu'elle se bornera à répéter un trait itératif dans le récit déjà écrit. Retz annonce que ce qu'il va raconter trouve sa valeur de vérité, non point en référence aux événements de l'histoire, mais en référence au récit : le récit s'institue comme sa propre référence, l'énonciation s'inclut dans l'énoncé narratif lui-même. Retz se pose donc lui-même dans le texte qu'il écrit comme sujet de discours définissant et déclarant un élément du code politique du récit historique, puisqu'il souligne un trait récurrent de son propre texte et, du même coup, nous, lecteurs, sommes, à notre tour, inclus explicitement dans le récit que nous lisons.

Ce trait est énoncé sous la forme d'une maxime politique : « L'on ne contente jamais personne quand on entreprend de contenter tout le monde », dont l'histoire de Beaufort sera une illustration particulière.

La maxime s'articule en une antithèse (jamais personne/tout le monde) dont le pivot est « contenter ». Elle formule une contradiction mais l'atténue, de façon caractéristique, par une modalisation temporelle doublement marquée : « *quand* on *entreprend*... », qui implique une disposition et un commencement d'action en vue d'un but, donc un procès finalisé se déroulant dans le temps. Cette modalisation apparaîtrait clairement si nous réécrivions la maxime en forme de proverbe ou de sentence : « Qui contente tout le monde ne contente jamais personne. »

La maxime écrite au présent intemporel de la loi générale, valable en tous temps et en tous lieux, par la modalité temporelle devient la description d'un certain comportement qui tend à universaliser un fait, une « marque » déterminée inductivement par observations répétées. Il s'agit d'une maxime d'art politique fonctionnant comme principe descriptif dont l'idée est la suivante : *se disposer* et *commencer à contenter tout le monde* revient à un résultat exactement contraire, c'est d'ores et déjà — et par avance — *ne contenter jamais personne.* Voici une stratégie dont la mise en œuvre, la réalisation et le résultat sont exactement contradictoires avec son principe. Tout se passe donc comme si la « maxime » en question était un récit non saturé, dont ne seraient énoncées que les phases initiale et terminale et où manquerait la séquence centrale, celle de la transformation d'un prédicat d'un sujet en un prédicat différent, contraire ou contradictoire du même sujet. Ce qui manque dans le micro-récit qu'est la maxime, c'est l'événement arrivé au sujet qui rende compte de cette transformation. C'est pourquoi on peut considérer la maxime à la fois comme un texte systématique exposant le paradigme sous-jacent au récit et comme un récit tronqué de son noyau narratif. Toutefois, et plus précisément, en introduisant la modalisation du vouloir (« quand on entreprend de... ») dans le texte systématique, celui-ci devient un quasi-récit, sans que nous sachions pourquoi cette modalisation appliquée au prédicat « contenter tout le monde » permet d'attribuer à son sujet le prédicat contradictoire « ne contenter jamais personne ». Il est un calcul stratégique (un programme d'action) dont la mise en œuvre rencontre un objectif contradictoire de l'objectif prévu par ce calcul. *A contrario,* une règle d'action « juste » découle de la maxime : en politique, on ne doit pas chercher à satisfaire tout le monde pour la simple raison que la politique est le lieu du conflit, de la lutte et du combat, que *la politique est la guerre.*

L'anecdote, la « bagatelle » de l'échange verbal entre Beaufort et Retz est un cas de cette règle générale. Le récit est l'expansion par saturation du micro-récit de la maxime, l'actualisation du schéma narratif qu'elle propose. M. de Beaufort entreprit donc — quand il eut rompu avec Retz — de contenter tout le monde, c'est-à-dire qu'il devait et pouvait se ménager entre la reine (dont Retz a pris le parti) et M. le prince. Trois transformations remarquables interviennent alors. Tout d'abord, un développement des modalisations : non seulement Beaufort veut se ménager entre la reine et Condé, mais il veut devoir et pouvoir se ménager. Le programme d'action que le vouloir enveloppe se trouve alors soumis aux incertitudes et aux contingences du futur (devoir) et aux possibilités de sa réalisation (pouvoir). Il doit être possible, pense Beaufort, de vouloir agir d'une certaine façon, mais ce n'est pas certain. La stratégie qu'il arrête comporte des risques, l'un qui tient aux aléas d'un projet, l'autre aux forces à mettre en œuvre pour le réaliser. Deuxième transformation : « contenter tout le monde » devient « se ménager entre »... Dans la maxime, la stratégie consistait à satisfaire une totalité, les uns *et* les autres rassemblés dans une collection indifférenciée. Satisfaire, c'est-à-dire accomplir ou remplir les désirs, les volontés de tous par son action, se donner à tous, se dépenser pour tous. Se ménager, en revanche, inverse ce mouvement, puisqu'il s'agit ici d'économiser son action, de la raréfier, d'éviter de faire, d'en faire le moins qu'on peut, de conserver pour soi, de se retenir d'agir ou de le faire avec prudence et circonspection pour ne point offenser ni déplaire. Enfin, troisième transformation étroitement liée à la précédente : la totalité indifférenciée, pôle de l'action stratégiquement calculée, devient deux partis en état d'affrontement violent. Dès lors, entreprendre de (vouloir) satisfaire les désirs et les volontés de tous devient éviter d'agir en faveur de l'un ou de l'autre et penser que cette position économique, en retrait, doit être possible. Bref, occuper la position du neutre dans une situation antagonique de conflit dans laquelle cependant le sujet est inclus, puisqu'il applique à cette situation une stratégie. Dans le récit-bagatelle se dénoue le paradoxe de la maxime politique posée initialement. Si la définition essentielle de la politique est le combat entre deux adversaires, alors la stratégie qui vise l'objectif de la paix, à savoir, dans le conflit, se placer dans la position de satisfaire les adversaires affrontés, être en paix avec les uns et les autres, revient à une non-stratégie, c'est-à-dire à la position de neutralité *dans* la situation de guerre, *entre* les deux adversaires : position intenable, puisqu'elle consiste à être *dans* le conflit comme si on était *hors* du conflit. Le neutre ne peut être, par essence, une stratégie et il ne s'agit point d'aléas et de risques, de contingences ou de possibilités : vouloir contenter tout le monde, vouloir contenter l'un et l'autre des adversaires, vouloir se ménager entre l'un et l'autre, vouloir ne pas vouloir contenter l'un et l'autre, c'est bien ne contenter ni l'un ni l'autre, c'est bien ne contenter jamais personne. En bref, il n'y a pas de politique neutre. Etre neutre, c'est renoncer à l'action politique qui est combat. Vouloir être neutre, c'est se suicider politiquement. La stratégie de Beaufort est mortelle. Il nous suffit d'attendre le coup décisif.

Le récit se poursuit : Beaufort, raconte Retz, s'efforce de réaliser son programme, de mettre en œuvre sa stratégie. « Il affecta même si fort l'apparence de ce ménagement qu'il affecta de se trouver tout seul, et sans être suivi de qui que ce soit à ces deux assemblées du Parlement, desquelles je viens de vous entretenir. » Mais ce ne peut être qu'une simulation de stratégie, qu'un simulacre d'action. La modalisation de l'apparence frappe et transforme les modalités complexes du vouloir, du pouvoir et du devoir être neutre dans la situation du conflit. La neutralité de Beaufort ne peut être qu'une apparence en ces circonstances et Beaufort va jusqu'à simuler cette apparence. Ainsi, lorsqu'il vient au parlement, dans le lieu de la guerre entre la reine (ou Retz) et Condé, en ce lieu où les deux partis se combattent au corps à corps physique ou de langage, où le nombre et la disposition des partisans dans l'espace est décisive, où les rapports de forces quantitatives et qualitatives déterminent directement les moyens et les objectifs, alors, *dans ce lieu,* Beaufort se trouve seul, sans être suivi de qui que ce soit : ainsi tente-t-il de donner à voir (simulation) son ménagement entre la reine et Condé, qui ne peut être qu'un simulacre. Telle est l'action qui résulte de la « stratégie » de neutralité : une incapacité d'agir, effet d'une impossibilité d'être neutre *dans ce lieu,* simulacre d'une action qui n'en est pas une parce qu'elle ne peut être que la conséquence d'un simulacre de stratégie. Et, par un étrange retournement, ce simulacre de simulacre est la réalité dans le lieu du conflit. Neutre, Beaufort l'est véritablement : il est neutralisé, réduit à zéro.

De l'action, simulation d'un simulacre, au langage de la réalité, alors s'ouvre une nouvelle étape du récit, un nouveau coup dans la partie, un nouveau combat dans le conflit. En effet, Beaufort dit ce qu'il fait (comme Retz, nous l'avons vu, quelques heures auparavant). Il déclare qu'il vient seul au parlement sans être suivi de qui que ce soit, ou plus exactement, il énonce la signification politique de son comportement : « Pour moi, je ne suis qu'un particulier qui ne me mêle de rien », et ce, pour donner à *entendre :* « Je suis *dans* la guerre *supérieur* au conflit des deux adversaires : je suis la force transcendante de la justice dans le *conflit des forces immanentes* ». Mais ce ton de Caton ne lui convenait pas. Il est pure apparence, affectation. Les deux adversaires affrontés savent bien que Beaufort n'est pas Caton. Je rappelle ici au passage ce que nous avons dit du chat dans la fable de la belette et du petit lapin. Beaufort tente d'être le chat, c'est-à-dire d'occuper la position *neutralisante* de l'*arbitre* qui entre dans le conflit en cumulant réactivement et réflexivement les forces affrontées. Mais le chat n'avait pu occuper la position de l'arbitre que parce que les adversaires lui avaient abandonné leurs forces par décision et choix accordés. Or ni la reine ni Condé n'ont rien fait de tel. Personne n'a rien demandé à Beaufort ; il n'est qu'un particulier qui ne se mêle de rien mais qui, entrant dans le lieu du conflit, se mêle de tout, de tout ce qui ne le regarde pas. Il affecte d'occuper la position neutralisante de l'arbitre : *il la simule en langage,* mais en vérité, dans la réalité de la situation politique, *hic et nunc,* il n'occupe que le point zéro des forces en conflit, le « nul » des forces en équilibre, il est un zéro de forces : *neutre neutralisé et non le neutre de la synthèse neutralisant les contraires.*

Et c'est alors que Retz procède à l'exécution de Beaufort : assassinat politique en langage qui n'est que le coup de grâce dans le processus de suicide politique de Beaufort. Car, en un sens, Retz se borne à répéter la déclaration de Beaufort, mais en le situant au lieu le plus juste qui est le seul qu'il occupe : non point en position d'arbitre supérieur aux adversaires mais au point le plus bas dans l'affrontement des adversaires. Toutefois, cette remarque est insuffisante, car, si elle exprime le sens du discours de Retz, elle ne rend pas compte de sa force. Et, rendre compte de sa force meurtrière, c'est aussi en modifier le sens. Première indication : Retz répond à la déclaration de Beaufort en ne lui répondant pas. Il s'adresse à un de ses partisans, M. de Brissac, mais il ne lui parle pas non plus. C'est davantage Condé son adversaire direct qui se trouve visé. « Ce que je ne proférai pas si bas que M. le Prince ne l'entendît. » Deuxième remarque : Condé rit, plus précisément, « il s'en prit à rire ». Il en est saisi involontairement. Le rire s'empare de lui. Il tombe dans le piège du rire provoqué, d'un seul coup, par le « mot » de Retz. Ce que j'ai appelé le déplacement rapide de la fonction énonciative de l'allocution de Beaufort à Brissac et de Brissac à Condé pour revenir en fin de course sur Beaufort en le chassant de la scène historique, le met à mort de façon décisive. Qu'a donc de si drôle, c'est-à-dire de si fort, le mot de Retz, car il paraît répéter ce que Beaufort a dit lui-même : « Je ne suis qu'un particulier qui ne se mêle de rien. » Mais il le dit autrement, dans l'énonciation et dans l'énoncé : alors que Beaufort constate sa situation de particulier « neutre » et, par cet acte de langage (malheureux en fait), tente de se donner comme arbitre entre les deux adversaires, Retz pose et affirme le constat de Beaufort. Au lieu de *répondre* à Beaufort, de le prendre comme allocutaire de son allocution (« Tu as une bonne conduite »), il en parle comme d'un « il », une troisième personne, celle du *neutre,* celle de l'absent ; tout se passe comme s'il n'était pas là, en face de lui. De sujet d'allocution, il le transforme en objet référentiel dont il parle.

Et, pour ce faire, non seulement Retz parle de Beaufort à la troisième personne, mais il *lui* répond en s'adressant à un autre. Il l'exclut du champ énonciatif, du lieu de discours. Il en fait un simple objet d'énoncé pour les autres, son partisan d'abord, son adversaire ensuite. De plus, Retz ne se borne pas à répéter le constat fait par Beaufort à son propre sujet, il le qualifie élogieusement. Mais, puisque Beaufort a constaté qu'il ne se mêlait de rien, c'est-à-dire qu'il avait la conduite de celui qui n'en a pas, c'est cet effacement qui est valorisé par Retz. Ne se mêler de rien, n'avoir pas une conduite et une ligne d'action, voilà qui est une bonne conduite pour Beaufort. Retz ajoute enfin un trait supplémentaire et c'est lui qui déclenchera le rire de Condé : M. d'Angoulême et M. de Beaufort ont une bonne conduite. A Beaufort, en un instant, Retz substitue un vieillard grabataire de quatre-vingt-dix ans ; il condense en une seule image le duc bête d'action, tête brûlée, coqueluche de ces dames, et le bâtard de Charles IX, le vieux duc qui ne bouge plus de son lit. Retz fait « tomber » Beaufort par cet amalgame : il le couche dans le lit de la vieillesse et de la mort. Il le décrit comme s'y étant lui-même couché pour ne plus se relever. Si l'on ajoute — ce que Retz a oublié au moment où il écrit ses *Mémoires* — que le duc d'Angoulême était mort depuis un an déjà, alors la bonne conduite de Beaufort n'est autre que de disparaître définitivement de la scène de l'histoire et de la vie.

Retz, en apparence, ne fait qu'affirmer l'attitude que Beaufort s'est lui-même donnée : être neutre. Mais il fait rire — par déplacement quasi instantané de la fonction d'allocution — M. le prince, son adversaire direct, et, dans ce rire où il se prend, Condé s'accorde un instant avec Retz, entre en complicité avec lui contre Beaufort. La position neutre de Beaufort, arbitre entre les contraires, est, d'un seul coup de langage, transformée en position complexe neutralisée : position exactement inverse de celle du chat dans la fable de La Fontaine. Le chat met les adversaires d'accord en les croquant l'un et l'autre. Ici, les contraires, Condé et Retz, se mettent d'accord un instant en détruisant — en réduisant à zéro — Beaufort. Je ne suis ni pour l'un ni pour l'autre, déclare Beaufort, pour que l'un et l'autre soient pour lui. Le mot de Retz répète la déclaration, la valorise et la qualifie ; il inverse l'intention et la stratégie du duc, et l'un et l'autre sont contre Beaufort. Les adversaires se réconcilient, un instant, pour l'exécuter et cela, grâce à la double transformation opérée par la répartie de Retz : le sujet y est converti en objet, et l'actif en passif. Segment du récit en première personne, le mot du coadjuteur est également, et deux fois, acte de langage : dans le récit, il opère la transformation narrative, dans l' « histoire », il opère l'élimination politique de Beaufort. Ainsi Retz élimine-t-il Beaufort non seulement de l'histoire en tant qu'acteur politique mais aussi du récit des *Mémoires* : il ne parlera plus de lui comme acteur narratif. La pragmatique narrative ici s'articule à la tactique et la stratégie politiques. L'acte de langage de Retz à la fois révèle, dans le récit, la vérité de l'attitude que Beaufort simule et il réalise cette vérité dans l'histoire.

Mais Beaufort s'était déjà éliminé lui-même de la scène historique. A quoi bon le coup de grâce mortel supplémentaire ? En vérité, c'est un *piège* qui est monté par Retz :

bien sûr, Beaufort s'y casse les reins, mais il n'est que le ressort qui en déclenche le fonctionnement. Celui qui s'y fait prendre n'est autre que Condé, que le rire prend et qui, en un instant, réconcilie les deux adversaires : moment d'interruption de la guerre qui est aussi bien, dans l'écriture des *Mémoires,* un moment de digression dans le récit que le mémorialiste soulignera à la fin : « Mais il est temps de rentrer dans le fil de ma narration. » Il faut revenir à la scène et à son contexte politique : l'affrontement entre les deux partis, entre Retz (la reine) et Condé est lourd de violences, mais il n'a pas eu lieu, les puissances ne sont point devenues encore des forces en combat. Des coups de main ont été tentés, singuliers, ainsi la tentative d'assassinat de Retz par La Rochefoucauld, mais la bataille n'est point engagée. Lorsqu'elle est sur le point de l'être, par miracle, épées, poignards et pistolets demeurent un moment sans action. Retz a adopté une attitude de défensive : « Je n'avais pas garni de mes amis et le parquet des huissiers et les lanternes. » Il s'est mis en position de faiblesse, mais il ne lui était pas possible d'agir autrement car « presque tout ce que j'avais de gens de qualité auprès de moi avait son emploi et son emploi nécessaire (...) et il n'y eût rien eu de si odieux que de mettre les gens ou du peuple ou du bas étage dans ces sortes de lieux où l'on ne laisse entrer, dans l'ordre, que des personnes de condition ». Il ne s'agit pas de vaine gloriole et de futile prestige. Il s'agit très directement de l'affrontement avec Condé : « Si l'on les (ces lieux) eût vus occupés par des gens de moindre étoffe, au préjudice d'une infinité de noms illustres que M. le Prince avait avec lui », les indifférents du parlement (les neutres) eussent basculés dans le camp de Condé contre Retz : donc la défensive au prix d'une moindre sûreté. Le risque était grand : Retz a failli être poignardé et le mémorialiste ajoute : « Monsieur le Prince avec lequel j'ai parlé depuis fort souvent de cette journée m'a dit (...) que si le bruit de la salle eût duré encore un moment, il me sautait à la gorge pour me rendre responsable de tout le reste. Il le pouvait ayant assurément dans les lanternes beaucoup plus de monde que moi. » Condé prêt à sauter à la gorge de Retz, le coadjuteur en position de faiblesse tactique, mais pour l'instant, les épées restent encore au fourreau et les poignards dans les manches et les ceintures. Au lieu du corps-à-corps de l'entre-égorgement, des paroles et des discours se combattent. Dès lors, voici le coup magistral de Retz, ce n'est qu'un *coup,* mais sa réussite est complète dans l'instant où il est commis. A la faveur d'un mot, la force du plus fort — Condé — éclate et se dissipe en rire sur le neutre ou son simulacre — Beaufort — et non plus sur le plus faible, son ennemi, Retz. Celui-ci, parce qu'il a parlé non à Beaufort mais à Brissac, non pour être entendu de Brissac son ami, mais de Condé son ennemi, a détourné la force du plus fort sur le neutre, mieux encore a capté sa force dans la sienne propre, l'une et l'autre réunies, pour un instant, *contre* Beaufort. Et on peut penser que l'effet de ce rire avec Retz contre Beaufort est apaisement, détente, à tout le moins pour quelques moments : répit pour Retz sur la défensive. En un mot, telle est la puissance rétorsive du « mot » sur la force des corps. Tel est le piège.

Mais le récit que Retz en fait dans ses *Mémoires* le détourne à nouveau vers la signification exemplaire du cas Beaufort : nouveau détournement de l'énoncé et de sa force, mais en sens inverse, de Condé via Beaufort sur la destinatrice des *Mémoires,* nouveau détournement au plan de l'énonciation écrite dont l'effet est, dans le texte, d'occulter le véritable piège verbal tendu à Condé, l'adversaire, et réussi : n'a-t-il pas été saisi par le rire ? Autrement dit, en cachant le piège qui opère à merveille dans l'histoire, en présentant son récit comme une *digression* destinée à illustrer une maxime de l'art politique et en dégageant, une fois le récit conté, sa signification générale : « Tout homme que la fortune seule a fait homme public devient presque toujours, avec un peu de temps, un particulier ridicule », Retz distrait l'attention de son lecteur de ce qui s'est réellement passé, un matin, dans la Grande Chambre du parlement de Paris, du coup unique et singulier qu'il a effectué, d'un moment exceptionnel dans sa tactique défensive, vers la leçon de morale et d' « art » politique qui, elle, ne concerne, répétons-le, que le cas Beaufort et point du tout cette étrange relation instantanée et terriblement efficace de Retz, en position de faiblesse et sur la défensive, et de Condé, le plus fort et en situation d'attaque. En cachant le « vrai » piège et en faisant la leçon, Retz mémorialiste monte en quelque sorte un autre piège discursif à un autre niveau énonciatif : il piège le lecteur. En le lisant, nous croyons prendre une leçon de politique, alors que ce qui nous est raconté porte un autre sens qui ne nous est pas dit, une autre signification qui reste implicite — sans métadiscours lui correspondant.

Ainsi sommes-nous, nous lecteurs, piégés dans un savoir, dans une « théorie » de la pratique politique, alors que ce qui s'est réellement passé ce matin-là est seulement raconté mais non signifié en son sens. Pourquoi donc ce piège dans le piège ? Tout simplement, peut-être, parce que le moyen tactique défensif trouvé par Retz ne peut faire l'objet d'une leçon, d'un discours didactique dans la « science » de la pratique politique. Le ressort du piège tendu à Condé n'est pas généralisable : il ne peut être construit en modèle praxéologique. En revanche peut l'être ce à propos de quoi le piège a été tendu et a fonctionné, l'attitude de Beaufort et son suicide politique. Pouvait-on de même construire la « leçon » du piège bricolé par La Rochefoucauld à l'encontre de Retz quelques heures auparavant ? Peut-on proposer au lecteur la maxime ou l'instruction suivante : prendre garde lorsque l'on passe une porte à ne pas être coincé par l'ennemi entre ses deux battants, encore qu'il soit vrai que le franchissement d'un seuil ait été toujours considéré comme un acte « sacré », fascinant et menaçant, et, comme tel, ait été entouré d'un rituel complexe destiné à le maîtriser et à le contrôler ? Mais le *kairos* qu'avait été pour La Rochefoucauld le passage de la porte par Retz relevait d'une autre temporalité, d'autres circonstances spatiales, d'une autre constellation psychique. On peut faire la même remarque à propos du « mot » de Retz : sans doute peut-on suggérer que la tactique est bonne de « faire rire » son ennemi — ne rencontre-t-on pas nombre de mythes de souveraineté où le rire joue un rôle fondateur du pouvoir étatique ? — pour le désarmer et le réduire à l'impuissance. Mais le moment du rire, de sa secousse et de son interruption, mais le « moyen » de son irruption, sont de l'ordre de l'occasion, c'est-à-dire uniques, singuliers, instantanés, et par là même ne peuvent être modélisés et généralisés dans une instruction pratique. Ainsi le quasi-calembour sur « traître » et « prêtre » où La Rochefoucauld se trouve verbalement coincé comme Retz l'avait été entre les deux battants de la porte.

C'est pourquoi la leçon de la « bagatelle » que vient de

conter le mémorialiste ne sera dite qu'à propos de celui qui a été l'instrument occasionnel de l'occasion, Beaufort. A son propos seulement peut être élaboré, en une phrase, un élément d'une théorie de la pratique politique. Quel est-il ?

Cette petite histoire que je viens de vous conter, nous dit explicitement Retz, n'a de sens que parce que sa particularité enferme une généralité qui est elle-même d'ordre narratif. L'exemple en sera la thématisation. C'est donc l'exemple qui justifie le récit quant au discours historique. La question que pose tout le passage est celui de sa consistance. Peut-on dire que l'énoncé terminal, « Tout homme que la fortune seule a fait homme public devient presque toujours, avec un peu de temps, un particulier ridicule », est, par la médiation narrative de la « bagatelle », le développement ou la reformulation de la maxime initiale énoncée sous la forme « On ne contente jamais personne quand l'on entreprend de contenter tout le monde » ? Telle est l'expression textuelle et technique de la question beaucoup plus générale de l'attitude de neutralité *dans* un conflit politique.

Qu'est-ce qu'être neutre ? Comment peut-on être neutre (c'est-à-dire se tenir *hors du conflit*) *dans le conflit ?* se demande Retz à propos du cas Beaufort. Tout simplement pour la raison suivante : Beaufort n'a joué de rôle politique (public) que parce qu'il a été, dès le début, le jouet de la fortune. La leçon exemplaire introduit donc par rapport à la maxime initiale un élément nouveau en ce sens qu'elle vise à donner une explication de l'intention et de la stratégie de celui qui entreprend de contenter les adversaires en réservant son action par rapport à eux dans le conflit où il est cependant engagé, en affectant l'apparence de ne point agir. Le postulat de la fortune est le nœud de l'explication de l'attitude de Beaufort et de son exclusion de la scène historique, non pas au sens où le caprice de la fortune le ferait chuter, mais au sens où entreprendre de se ménager entre les deux partis en conflit est pour un homme public (qui est donc dans le conflit), l'attitude de celui qui n'a été tel que parce qu'il n'a jamais été la source volontaire de ses propres actions politiques, un sujet articulant lui-même ses choix dans les diverses circonstances où il est placé, par délibération et résolution personnelles, par calcul déterminant objectifs et fins, voies et moyens pour les atteindre. Parce qu'il a été toujours l'objet de la « fortune », Beaufort ne s'est jamais constitué comme *sujet* dans et par son action politique, mais cependant a pu passer pour homme public. Pourtant, il vient « presque toujours », « avec un peu de temps » une occasion où un tel homme public déchoit de sa position publique et devient un « particulier *ridicule* ». Le problème que fait apparaître la leçon exemplaire par rapport à la maxime politique et au récit qui, en l'illustrant, la sature est celui des relations entre volonté et calcul stratégique d'un sujet d'action d'une part, et d'autre part ce que Retz nomme ici la fortune et l'occasion. Pour revenir à notre analyse de la « maxime », la fortune est le nom qui enveloppe le paradoxe du vouloir visant un objectif et dont le résultat est le contradictoire de cet objectif. Non seulement, comme on a pu le dire, le terme fortune mesure la distance qui sépare l'entreprise d'une volonté et la réussite d'une œuvre ou d'une action, mais en l'occurrence le terme nomme l'inversion ou le retournement de la force de cette volonté contre elle-même et dont le signe est que son objectif et sa fin sont encore contradiction avec le résultat que son application produit. Le problème est celui de la logique de l'action, une fois que l'on a compris que la fortune, dans le texte de Retz, ne renvoie pas ou ne renvoie qu'en apparence à une postulation métaphysico-politique, au destin ou au hasard comme principes d'explication.

Reprenons donc l'analyse. L'articulation de la maxime, du cas narratif et de la leçon exemplaire rend manifeste un double supplément : la fortune d'une part, le ridicule de l'autre. C'est ce supplément, qui n'est pas initialement contenu dans la maxime, qu'il convient d'analyser si l'on veut entrer dans l'étude d'une « théorie » de la pratique en général et de la pratique politique en particulier.

Première remarque : la leçon exemplaire reformule la nécessité que proposait, dans son énoncé simple, la maxime : « On ne contente *jamais* personne... » Elle la reformule, après le récit, en l'atténuant : « Tout homme que la fortune seule a fait homme public devient *presque toujours, avec un peu de temps...* », presque toujours, le plus souvent, très probablement, mais ce n'est pas certain de la dernière certitude : il ne s'agit pas d'une vérité universelle, nécessaire et absolue. Nous ne sommes pas ici dans le domaine de l'apodictique et de l'essence, mais dans celui, probable, des fréquences empiriques. D'où la confirmation de la remarque déjà faite de la fonction temporelle dans la stratégie de l'action politique : lorsque l'on *entreprend* de contenter tout le monde, alors on devient *presque toujours,* avec un *peu de temps,* un particulier ridicule. L'instant théorique et spéculatif dans lequel s'établit une identité universelle et par où est évacuée toute prise en considération du temps et de la durée devient ici un court moment de temps, temps très bref, sans doute, mais une durée cependant. Il faut *attendre* la transformation de l'homme public en particulier ridicule, si courte que soit cette attente, et encore cette transformation n'est pas absolument certaine. Tout ce que l'on peut dire, par exemple lorsqu'on écrit ses Mémoires, c'est que, lorsque cette transformation s'est produite, alors elle est nécessaire, irréversible : « On ne revient plus de cet état. » Nécessité donc, mais rétrospective après le « moment », nécessité au futur antérieur, dans le temps et non pas intemporelle.

Deuxième remarque : dès lors, c'est le récit d'une occasion qui, dans le texte des *Mémoires,* va entraîner la reformulation de la nécessité absolue de la maxime dans la quasi-nécessité de la leçon exemplaire. A vrai dire, cette nécessité n'était absolue et formulée telle qu'à la condition de lire la maxime sous les formes du proverbe ou de la sentence : « Qui contente tout le monde ne contente jamais personne. » Le récit d'une occasion, qu'est-ce à dire ? Ici l'événement d'une parole de Beaufort : « Je ne suis qu'un particulier qui ne me mêle de rien », comme tout à l'heure l'événement d'une porte qui s'entrouvre et d'un corps qui franchit un seuil. Mais l'occasion n'est pas seulement l'événement. Il faut encore, pour que l'événement devienne occasion, qu'il soit saisi par une volonté : La Rochefoucauld survenant et poussant sur Retz un des battants de la porte, Retz s'emparant par la parole de la déclaration de Beaufort, la répétant mais autrement et déclenchant le rire de Condé. Autrement dit, l'événement est porteur d'une possibilité, mais celle-ci ne peut être que si elle est exploitée par une volonté, que si l'événement est le lieu d'application d'une force qui lui donne un sens, à la fois signification et direction. Le geste de La Rochefoucauld, le mot de Retz en réponse deux fois détournée : le geste de violence du premier ne peut avoir lieu que si une porte s'entrouvre, le mot du second — plus violent encore, peut-être — ne peut être dit que si Beaufort fait une déclaration d'un ton de Caton qui ne lui convenait pas. L'occasion est donc cette conjonction brusque, instantanée — ni La Rochefoucauld dans la première scène, ni Retz dans la seconde n'ont de temps pour intervenir —, d'un événement et d'une action (physique ou de langage) à la faveur de laquelle un possible apparaît : la possibilité de tuer Retz ou la possibilité d'exécuter Beaufort. Que cette possibilité devienne réalité est une autre affaire qui dépend d'autres événements, d'autres actions, d'autres circonstances. Retz échappe à la tentative d'assassinat, Beaufort est politiquement assassiné par le coup de langage du coadjuteur parce que Condé se prend à rire. L'occasion est l'ouverture d'un possible dans l'événement par une action, par la force d'une volonté ; je dis ouverture en deux sens : manifestation d'un possible porté par l'événement et espacement de l'événement d'avec lui-même, lieu où l'action se produit. Mais le pire ou le meilleur n'est pas toujours sûr.

Troisième remarque : j'en reviens à Beaufort et à son comportement politique selon Retz. Ce que Beaufort a entrepris, c'est de se ménager entre les deux adversaires. Il veut ne pas vouloir agir avec cette double pensée qu'agir dans cette situation de conflit c'est nécessairement prendre le parti de l'un ou de l'autre et que, ne pas agir, c'est, dans le conflit même, occuper la position neutre d'arbitre entre les partis adverses : position supérieure qui n'est telle — je renvoie au chat, à la belette et au petit lapin — que d'accumuler en son lieu les forces affrontées ; ce que fait le Raminagrobis de la fable, c'est de saisir l'événement de l'équilibre des forces affrontées, des forces mises objectivement dans l'incapacité de recourir au combat et à la décision violente (d'où le recours des sujets antagoniques des forces à l'arbitre pour trancher le conflit), en lui appliquant les deux forces cumulées dont il est alors revêtu. Il manifeste par là le possible que contient l'événement et, en jetant la griffe d'un côté et de l'autre, le fait passer au réel : il mange les adversaires.

Or, dans la circonstance présente, ce n'est certes pas le cas : les forces en situation conflictuelle ne sont nullement dans l'état de neutralisation réciproque découlant d'une évaluation par les adversaires de leur égalité absolue. Retz a adopté la tactique défensive. Il se considère comme plus faible, mais il résiste défensivement à Condé qui se perçoit le plus fort. Bref, occuper la position d'arbitre est impossible ou alors essayer de l'occuper revient presque toujours à être exécuté par les deux adversaires, un moment d'accord. Cas symétrique et inverse du chat de la fable : celui du neutre neutralisé par les forces contraires accordées et non celui du neutre neutralisant les forces au point zéro de leur conflit.

Quatrième remarque : Pourquoi, demande Retz, entreprendre de contenter tout le monde en une telle circonstance ? Parce que Beaufort n'a jamais été le sujet de l'occasion, mais toujours l'objet de l'événement. Qu'est-ce à dire ? Dans la leçon exemplaire que Retz tire du cas Beaufort, la fortune est un agent. Elle fait d'un homme un homme public, elle lui donne un rôle politique. Elle agit intentionnellement en vue d'un but. Mais son action est étrange, puisque son résultat est contraire à son intention et à sa fin : action incohérente, comme était incohérente l'action de Beaufort. Ce qui est personnifié et nommé avec la fortune n'est autre que la puissance anonyme et discontinue de l'événement, de ce qui arrive, en attente d'être transformée, par la force d'une volonté, en occasion d'action. La neutralité de Beaufort, c'est la neutralisation du sujet d'action par la puissance anonyme de l'événement. Relisons le texte : « M. de Beaufort se mit dans l'esprit ou plutôt Mme de Montbazon le lui mit (...) qu'il devait et pouvait se ménager entre la Reine et M. le Prince. » C'est l'événement qui fait Beaufort neutre, qui a toujours fait Beaufort neutre. C'est l'événement qui fait de Beaufort une occasion pour l'action des autres, loin que Beaufort fasse de l'événement une occasion pour son action par application de sa volonté.

La fortune est le nom donné par Retz après beaucoup d'autres, et en particulier Machiavel, *à la puissance de neutralisation du sujet d'action par l'événement.* Dire que Beaufort a été fait homme public par la fortune seule signifie qu'il est, et a toujours été dans le passé, l'homme de l'événement, c'est dire qu'il a toujours abandonné sa force propre de sujet à la puissance de ce qui arrive, qu'il a toujours été porté par elle. Et, dans le moment présent du conflit, cela revient pour Beaufort à être placé dans la situation où il abandonne sa force aux deux adversaires. Le chat, c'est ici Condé *et* Retz. Nulle surprise à ce qu'il soit mangé — éliminé — par l'un et l'autre.

Trois propositions pour conclure sur ce point :

1. L'événement — ce qui arrive — est une puissance à manifestation anonyme, discontinue, ponctuelle ; autre façon de dire que l'événement est porteur d'un possible.

2. L'occasion est l'extraction de ce possible par la force d'une volonté : l'appropriation instantanée de cette puissance par un sujet qui ne se constitue comme sujet d'action qu'en s'emparant ici, maintenant, de ce possible pour agir, pour se faire passer à la réalité, pour l'intégrer dans un projet, pour en faire un moment d'une stratégie, voie et moyen en vue d'un objectif et d'une fin.

3. L'événement est puissance neutre — autre façon de nommer son anonymat, sa discontinuité — quand cette puissance, quand le possible qu'il porte, n'est « pris » par personne. C'est alors qu'il peut arriver que l'événement « prenne » quelqu'un, qui devient dès lors l'objet de cette puissance, le porteur de ce possible, que saisira « avec un peu de temps, presque toujours », la force de volonté d'un autre, qui fera de lui une occasion d'agir. Tout homme que la fortune seule a fait homme public devient presque toujours, avec un peu de temps, un particulier ridicule.

La fortune, puissance de l'événement n'est donc pas un concept, une notion théorique, un principe d'explication. Principe dont la position épistémologique est de disqualifier toute explication, le terme nomme plus précisément l'impossibilité d'une *science* de l'action politiquement opportune. Au niveau de l'action, il signifie qu'il n'existe pas de règle capable de faire reconnaître l'action nécessaire. La fortune, l'événement dans son apparition, n'est pas porteur d'un *déterminisme* politique sur lequel il serait possible de s'appuyer pour agir, mais d'un possible à saisir ici maintenant par une volonté, une *virtù,* pour agir de façon cohérente. La fortune nomme dans l'événement la puissance du neutre.

Pour en revenir à Beaufort, on comprendra alors la profonde cohérence entre son entreprise d'être neutre dans le conflit entre Retz et Condé, le fait de ne devoir son rôle politique qu'à la fortune seule et, enfin, d'être l'occasion d'un acte (de langage) de Retz et d'un éclat de rire de Condé. Toute cette histoire signifie que, pour Retz, l'essence du politique dans sa réalité est le conflit de forces, la guerre. Lorsque la violence du corps-à-corps physique n'a pas lieu, alors c'est un corps-à-corps de discours qui s'y substitue, non point pour remplacer le premier et éliminer la guerre dans le débat pacifique, mais pour la poursuivre et la prolonger. La politique, c'est la guerre continuée par le moyen du langage. Etre assimilé par la puissance du neutre, par le « il arrive » de l'événement, comme Beaufort, c'est irrémédiablement, presque toujours et avec un peu de temps, devenir l'occasion d'agir des volontés affrontées. Tel est le ridicule de Beaufort que l'acte de langage de Retz fait éclater en faisant éclater de rire Condé : une *stratégie de neutralité* ne peut être qu'un simulacre, une simulation de simulacre dont le résultat est le contraire de l'objectif et de la finalité qu'elle poursuit ; non point contenter tout le monde ou les adversaires dans la satisfaction des intentions et des désirs de l'un et de l'autre, mais être l'adversaire impuissant des adversaires un moment réconciliés dans cette lutte commune ; être le lieu ou le champ de la tactique défensive du plus faible contre le plus fort ; être transformé en occasion de piège.

L'arbitre neutralisant les adversaires par leurs forces cumulées et réfléchies contre eux est devenu, par la force d'un mot, le zéro neutralisé, lieu et moment d'une occasion où l'un des adversaires trouve un répit dans sa lutte contre l'autre.

III. la guerre du roi

LE ROI S'EN VA-T-EN GUERRE...

« Les Messieurs du Sublime, avec longue rapière
Et du mieux qu'ils pouvaient prenant mine guerrière,
Allaient, chacun monté sur un grand palefroi,
Aux bons bourgeois de Gand, inspirer de l'effroi. »

Pradon, cité par R. Picard
in *La carrière de Jean Racine.*

Une petite histoire :

Racine, nous raconte son fils Louis, avait déjà composé plusieurs grands morceaux de l'*Histoire du règne de Louis XIV* dont il était, après Pellisson et avec Boileau, l'historiographe officiel. Les manuscrits avaient été remis à M. de Valincourt, ami de Racine ; « Ils périrent, nous dit Louis, dans l'incendie par lequel tout ce que M. de Valincourt conservait dans sa maison de St-Cloud fut consumé. » La Beaumelle ajoute que Valincourt « donna vingt louis à un Savoyard pour aller quérir au travers des flammes (les papiers confiés par Racine). Au lieu du manuscrit unique, le Savoyard rapporta un recueil des *Gazettes de France* ».

Ainsi le roi n'a pas eu de chance. De la Grande manufacture royale d'histoire, il ne reste que quelques débris sauvés d'un incendie. La petite histoire de l'incendie de la maison de M. de Valincourt a eu raison « de la Grande Histoire à la manière des Polybes, des Tite-Live et des Anciens ». Je ne peux m'empêcher de lire dans l'anecdote un signe : « Le Maître, le Dieu, le Tout-Puissant Seigneur à qui appartient l'oracle ni ne dit ni ne cache ; *il indique.* »

Le Maître est ici un autre dieu plus puissant que le pouvoir absolu, en ruinant son désir d'histoire, son désir de s'accomplir dans le monument narratif de son histoire. Tout à coup, celle-ci se raconte autrement : l'incendie d'une maison à Saint-Cloud et le haut fait héroïque et imbécile d'un Savoyard et l'histoire écrite par la fiction du roi, *son* historiographe, s'envole en fumée : il n'en reste qu'un peu de cendres. Belle fin, à vrai dire, pour la fulguration du Roi-Soleil, de ses foudres et de sa lumière, que de devenir feu et flammes après la mort dans la nuit de l'écriture. Voici le dieu plus puissant que le tout-puissant Louis : la contingence de l'événement, l'aléa du petit fait vrai, ici-maintenant, où s'évanouit la rationalité d'un grand dessein. L'économie de la politique se consume en un instant au feu du hasard. La Grande Politique de l'Histoire, la grandeur du roi éternisée dans le monument racinien tombe dans le piège de la petite histoire, imprévisible mais terriblement efficace : un soir une maison brûle à Saint-Cloud.

Mais ce n'est pas tout. Le hasard, le dieu-feu, s'amuse. Au lieu du manuscrit-monument, le brave Savoyard rapporte un recueil des *Gazettes de France*. Quel échange ! Au lieu de la parole de marbre, l'éphéméride évanescent du quotidien ; l'acte héroïque de l'illettré pour vingt louis. Double échange : tout se paye, même ce troc involontaire. Le dieu rit de cette parodie fortuite du moment hégélien de l'héroïsme de la flatterie où le courtisan échange son discours au roi, dont l'histoire est la forme la plus noble, contre abbayes, titres, pensions, argent en un mot, que le roi lui donne pour se reconnaître à jamais et en fin de compte se perdre.

Mais voici que le dieu rit plus fort encore car Primi Visconti lui raconte une autre petite histoire, précisément à ce moment-là : « Le Maréchal d'Estrades m'aborda un autre jour en souriant et me dit : "Je vous avais bien dit que nos historiographes feraient mieux de s'en retourner à leurs rimes. Ces Messieurs ont lu hier chez Mme de Montespan quelques parties de leur histoire ; le Roi secouait la tête et de temps en temps, il disait tout bas à Mme de Montespan : Gazettes, gazettes !" » Les gazettes dont l'écriture de l'historiographe royal s'était distinguée à force de patience et de travail et plus encore par la difficile découverte que le lieu de son discours n'était autre que celui-là même occupé par le monarque absolu dont il devait raconter les hauts faits, mais, comme sa fiction, voici que les gazettes revenaient, au jour du jugement « dernier », substituées au Grand Récit du Héros royal par un Savoyard, héros à sa façon aussi, héros du fait divers, son autre.

Ou encore, j'imagine une allégorie comme Racine et Boileau en ont écrites, programmant les médailles commémoratives des événements du règne qu'elles transformaient en signes monumentaux des actes de Louis, une allégorie en guise de frontispice à mon discours : le monstre aveugle du hasard écrase le temple de l'Histoire cependant qu'au milieu des flammes l'Ignorance imbécile disperse au vent les feuillets des gazettes.

Il ne reste donc du grand monument racinien que débris et ruines. Mais on voit l'avantage de cette distinction pour nos opérations « critiques » dans les textes, et notamment celle-ci dont le propos est de mettre à jour les pièges du récit du pouvoir politique en général et du pouvoir absolu en particulier : le travail de destruction est déjà fait, les ressorts des pièges révélés. Il ne reste plus qu'à les indiquer dans ces textes fragmentés ; la ruine du monument narratif historique offre les conditions textuelles de notre tactique de lecture et d'écriture. Si la machination du pouvoir d'Etat consiste avec le récit qu'il fait de lui-même à transformer l'événement en signes marmoréens grâce auxquels il s'identifie et s'autorise en supprimant toute extériorité à sa propre totalité, la fragmentation de ces signes, en permettant le démontage des pièges, pointe la résistance de l'événement et la puissance du hasard dans les calculs rigoureux de la représentation. Ni ruse ni même ironie de l'histoire, mais son humour.

1. « Les lois de l'histoire » sont les lois que le pouvoir se donne pour accomplir son désir de pouvoir : les contrats de la représentation narrative de l'histoire.

2. Si le dieu qui garantie ces lois se nomme hasard, cela signifie que cette garantie n'est ni certaine ni universelle ; que les lois et les contrats ne sont pas absolument contraignants ; que les pièges, si délicatement montés pour être parfaitement efficaces, risquent toujours de se gripper, de se bloquer.

3. Mieux encore, il peut arriver, pas toujours mais parfois, que l'exécution exacte du projet de machination soit *en même temps* ratage, défaillance.

En voici un exemple : une ou deux petites histoires que je trouve dans les notes d'un journal de voyage de Racine historiographe, le voyage de Gand qui fut la première campagne où il suivit le roi en 1678.

Gazettes pour gazettes, voici ces notes, un document fragment, pierre en attente dans le chantier du monument historique :

> « *Brie. Nangis. Provins. Sézanne.* On y séjourna deux jours.
>
> *Fère Champenoise. Vitry.* Affection des habitants ; feux de joie, lanternes à toutes les fenêtres. Ils arrachèrent de l'église où le Roi devait entendre la messe la tombe d'un de leurs gouverneurs, qui avait été dans le parti de la Ligue, de peur que le Roi ne vît dans leur église le nom et l'épitaphe d'un rebelle. »

Voici de mon côté quelques notes de lecture, mes repères tactiques pour retrouver la grande stratégie du récit historique qui s'écrira de l'exploitation de ce document.

Balisage par des noms de lieux d'un horizon de « réalité » : celui que ce texte vise à poser. Pour qui ? Pour celui qui l'écrit : premiers éléments de sa mémoire écrite, ces noms si aisément oubliés. L'histoire du roi (à venir) est d'abord un trajet. De qui ? Du héros. Je vais trop vite, mais je parcours le texte aussi vite que le héros parcourt l'espace. Ici se construit la scène productrice du récit, simple réseau de lieux textuels nommés. Ces noms, Bris, Nangis, Provins ont une double fonction — la machination narrative commence — : ils *indiquent* un au-delà du texte, la « réalité » géographique, mais en même temps ils sont énoncés et lus comme capables d'entrer dans un réseau signifiant, ils ouvrent un espace où doit se produire le sens, la représentation. Ils balisent, en d'autres termes, les points limites du système textuel avec son extérieur, noms index qui dessinent aussi un espace des possibles où se produira, avec le quatrième nom, le sens. Apercevoir ceci, qui est une première façon de déjouer le piège du récit à venir : ces noms de lieux ne sont ici écrits que pour constituer le narrateur et sa mémoire, soit le trajet du héros de son récit. Je peux me jouer du texte jusqu'au quatrième nom : lire par exemple les trois premiers comme une liste par ordre alphabétique dont je ne connaîtrais pas la raison, déploiement d'un espace pur du code, paradigme aussi bien que syntagme, rêverie sur une carte de l'enfant amoureux d'estampes ou chanson-comptine...

A Sézanne, tout change. Le séjour de « on » pendant deux jours inscrit ce nom comme un lieu-étape dans le trajet et rétroactivement les trois qui le précèdent comme ceux d'une traversée. Un temps s'inscrit dans le texte, celui d'un récit, réassuré par les index géographiques, temps qui est celui d'un acteur, « on » qui séjourna deux jours à Sézanne et traversa Brie, Nangis, Provins. Qui « on » ? un « il » neutre, un indéterminé, acteur vide de ce séjour de deux jours, mais, en même temps, le lieu, dans le texte, du « je » énonciateur du récit, mais effacé. « Je » qui raconte le récit de l'histoire s'anonymise dans le « on » dont il fait partie et où il s'annule : « Moi qui vous narre l'histoire, je faisais partie du groupe qui séjourna deux jours à Sézanne. J'étais dans la sphère du héros de l'histoire que je vous raconte, mais je ne me raconte pas. » Deuxième ressort du piège narratif : « je » est le narrateur et le narré, énonciateur et énoncé ; valeur d'accompagnement : c'est *vrai.* D'où positionnement du lecteur (moi, vous, lui) : c'est à prendre ou à laisser. Il n'y a rien à dire, à lire quant au voyage de « on » à Brie, Nangis et Provins, rien d'intéressant pour moi qui écris, donc pour vous qui lisez. Ma loi de discours vous lie, ou alors ne lisez pas. Je pose, sans vous la dire, une règle de sélection de ce que j'écris. Peut-être pourriez-vous essayer de la deviner ? Attendez la suite. Il se peut aussi que je ne la connaisse pas moi-même. Il se pourrait que je subisse une autre loi dont la mienne est seulement la manifestation. La loi du « on » dont je fais partie ? Seul l'arrêt de deux jours à Sézanne vaut la peine d'être noté et non la traversée de Brie, Nangis, Provins, ou alors tout ceci signifie qu'on est allé si vite qu'on a dû se reposer deux jours à Sézanne.

D'où cette remarque : chaque lieu nommé est le dépositaire d'une action totale en elle-même ; unité d'action dans unité de lieu. La topographie est une topique — une réserve d'actions notables — mais point encore une topologie dans la mesure où cet ensemble de lieux de discours est une succession de noms-points sans orientation. Ce document-fragment est une chronique articulée à une topique. C'est en puisant dans cette réserve topique et en la finalisant par un objectif, une stratégie, que le récit monumental de l'histoire royale se construira. On le lira dans l'*Eloge historique du roi sur ses conquêtes...*

Nous voici à Vitry : le piège narratif se parfait grâce à une phrase nominale et un récit anecdote introduit dans le grand syntagme narratif de la campagne du roi, petite histoire où, tout à coup, le piège se retourne contre son utilisateur. La phrase nominale ou le piège : « *Vitry.* Affection des habitants feux de joie, lanternes à toutes les fenêtres. » Deux notations brèves d'un *petit* fait *significatif,* où l'on reconnaîtra, sous-jacent, un rapport de causalité ou plutôt de signification : feux de joie, lanternes à toutes les fenêtres indiquent l'affection des habitants ; qu'il y ait affection des habitants (pour qui ?), en voilà le signe, irréfutable. La notation est elliptique à la mesure de la quasi-insignifiance du fait pourtant significatif. « Je n'insiste pas, mais voilà qui est notable. » Dans ma lecture, cette notation consacre une différence. A Sézanne, rien de tel ne s'est passé et cependant on y séjourna deux jours : un bon point pour Vitry. (Imaginez à partir de là ce que vous voudrez, par exemple le rapport d'un préfet, lors du voyage du premier ministre à la veille d'élections législatives). Et, de plus, une anecdote encore plus significative de cette affection pour le roi, car, dans la petite histoire racontée ensuite, le roi, pour la première fois, fait son apparition. Jusqu'ici, la scène narrative était vide. A Vitry, elle se remplit. Il faut être très attentif à la manière de ce remplissement, à l'entrée en scène des acteurs, de l'agent sur le « sol scénique » brièvement construit jusqu'ici à coups de toponymes ; même s'il ne s'agit que d'un journal de voyage « privé », Racine ne fait ce voyage que parce qu'il est historiographe du roi. Il prend des notes pour écrire *son* histoire (la sienne, celle du roi). Il ne fait pas du tourisme.

Or la première note est une phase nominale. Non pas : « Les habitants manifestèrent leur affection en allumant des feux de joie... » Qu'on ne dise pas : « C'est tout simple, il est pressé, il n'a pas le temps d'écrire. » Lisez la suite : « Ils arrachèrent de l'église où le roi devait entendre la messe (...) de peur que le roi ne vît... » Ici, une phrase complexe déroule ses propositions soigneusement articulées et hiérarchisées.

Une phrase nominale donc ; même deux, liées par asyndète, par absence de liaison. Ici aussi, une ellipse de l'articulation qui *dit* en surface la signification ostensive dont les notations sont à elles deux porteuses.

Voilà ce qui est étrange. Ce n'est pas parce que ce type d'écriture est banal qu'il n'est pas étrange. Tel est l'art du piège : la banalité. Tel doit être, du même coup, l'art de dé-jouer cet art : repérer l'étrange dans le banal, je veux dire repérer dans la surface continue d'un discours le minuscule indice du trou où, sans m'en apercevoir, moi lecteur, je vais tomber, le piège étant que je tombe sans savoir que je tombe, que je chute *dans le trou* tout en continuant à marcher *à la surface,* que je suis pris — prisonnier — dans la fosse d'un sens tout en continuant à lire, à produire du sens, continûment.

Ce qui est étrange est précisément ceci :

1. qu' « un énoncé assertif minimum coïncide avec un élément syntaxique qui, au point de vue morphologique, est de la classe des noms », « qu'une forme caractérisée comme nominale morphologiquement assume une fonction syntaxiquement verbale » (E. Benveniste, *Problèmes de linguistique générale*).

2. que cet énoncé assertif soit, en l'occurrence, un énoncé narratif décrivant une manière d'être et une situation. Relire l'article de Benveniste sur la phrase nominale. L'étrangeté que j'interroge par lui dans la petite notation de Racine est que la phrase nominale est ici employée pour la narration d'un événement et la description d'une manière d'être du sujet. Son emploi révèle ceci qui est de grande importance : que l'événement, la manière d'être du sujet sont bien narrés et décrits dans leur actualité, mais comme une essence complète, une vérité absolue, une valeur permanente, hors temps, hors lieu, hors toute relation avec le locuteur descripteur ou narrateur ; assertion définitive, argument d'autorité. Mais cette étrangeté ne doit pas nous dissimuler une autre étrangeté qui réside, elle, dans l'étude de Benveniste, c'est-à-dire dans mon discours d'analyse et d'interprétation de l'énoncé de l'historiographe du roi. En effet, l'assertion nominale, dont la caractéristique est de poser l'énoncé hors de

toute localisation temporelle et modale et hors de la subjectivité du locuteur, est toujours liée au discours ; elle suppose le dialogue ; elle est introduite pour agir et convaincre, non pour informer. Ce qui signifie que, tout en étant *hors discours* (au sens de Benveniste), par les traits de sa *fonction,* elle est *dans le discours* par les caractéristiques de son *emploi.* Dé-marquée du discours en général, la phrase nominale n'est proférée par personne : la vérité semble parler d'elle-même, sans avoir besoin d'un porte-voix, comme elle repose, paisible, dans le capital d'une mémoire plus ancienne que celles des sujets parlants ; tout comme le récit des événements, l'histoire (selon Benveniste), mais à son inverse, repos et non surgissement, in-temporalité et non production chronique, attente absolue et non surprise étonnée, identité et non différence. Mais voilà qu'un locuteur s'en saisit et l'énonce. Tout se passe cependant comme si elle saisissait le sujet parlant de sa présence et s'emparait de sa voix. Ce n'est pas moi qui parle, c'est la vérité qui parle en moi, vérité qui n'est ni la mienne ni la vôtre : *logos* seulement, énonciation transcendante sans énonciateur, la force toute pure de l'assertion (dont le lieu privilégié est le proverbe, la maxime, la sentence).

Voici donc le piège monté par l'historiographe dans ses notes de voyage : en écrivant, transformer l'énoncé narratif de l'événement en sentence de vérité... Mais c'est trop dire car, s'il en était ainsi, le piège serait éventé. Il faut ajouter, tout *en faisant lire* ladite sentence comme un énoncé narratif ; simuler, par une certaine écriture, la lecture d'un énoncé narratif et donner à lire, dans cette lecture, la sentence de la vérité elle-même, produire un simulacre de récit à effet de vérité, imposer irrésistiblement un présupposé de référence.

Il faut donc démonter le piège, puisqu'il a été découvert. Ce qui saute aux yeux est, en même temps, ce qui va de soi, ce qui empêche de voir l'indice de surface du piège en profondeur. Et ce qui va de soi, depuis le début, c'est la hâte du déplacement manifestée par une écriture à mouvement rapide. « Je n'ai pas le temps de noter, je ne note que l'événement notable, le trait essentiel. » Or ce trait essentiel — qui implique l'ellipse de tout le reste que je n'ai pas le temps de noter — est un trait d'essence : il est écrit comme un trait d'essence. L'impression immédiate remarquable, tout à coup, à Vitry, s'éternise dans l'écriture par une phrase nominale ; la notation éphémère, saisie en passant, écrite au passage, est soudain le lieu d'une énonciation transcendante, sans énonciateur. La vérité, et sa force assertive, se dit là.

Quel est l'opérateur de cette transformation ? le ressort du piège ? A mon tour, je note que c'est à Vitry (dans ce lieu du texte) qu'entre en scène le héros de l'histoire en instance d'être contée. Le « on » s'y détermine comme le roi. Certes, il n'apparaît point encore lui-même, en sujet, mais seulement par son « aura », sa présence atmosphérique. Il n'est écrit que relativement aux habitants de Vitry dans une présence floue mais suffisamment forte pour être le sens de toutes leurs actions. Le roi est la finalité de la narration, une simple fonction modale, et ses sujets réagissent à une possibilité d'action, à une présence qui ne se manifeste point encore sur la scène narative mais qui est cependant déjà là. Tel est l'opérateur de la transformation de l'énoncé narratif en sentence de vérité, opérateur de transformation et d'occultation de la transformation, bref le ressort du piège : le roi.

Ou, pour le dire autrement, le principe de sélection de l'essentiel est la présence essentielle du roi. Le notable ne se constitue permanent et intemporel, trait d'essence que par rapport à l'absolu : le roi. C'est lui qui est, dans ce texte, l'instituteur de la sentence de vérité, qui saisit l'instance narrative de sa présence et s'empare de sa voix par la force pure de l'assertion, lui *ou* le narrateur, *son* historiographe dans cette *sentence narrative :* « Affection des habitants ; feux de joie, lanternes à toutes les fenêtres. » Tout en étant conté comme événement et comme accident, l'assertion nominale donne au fait, *dans le récit même,* le caractère d'une proposition éternellement nécessaire, depuis toujours contenue dans la définition essentielle des habitants de Vitry visités par leur roi. Ce n'est pas le récit qui véhicule la « vérité vraie » de l'histoire dans ses énoncés narratifs. La réalité, c'est la vérité universelle assertée par la phrase nominale qui, parce qu'elle est aussi énoncé narratif, la déclare dans sa singularité existentielle d'événement, la fait exister singulièrement comme événement vrai. Dans cette perspective, l'événement historique — les plus infimes actes du roi, ceux qu'il accomplit comme ceux qu'il provoque —

est l'universel singulier dont le récit serait l'argument ontologique.

La dénégation de l'énonciation discursive, caractéristique du récit, dénie dans la nominalisation de l'événement son historicité et l'énonciation fait retour dans l'histoire, mais comme le pouvoir absolu de la vérité qui se dit dans l'énoncé sans que personne ne le dise. Ouvrez votre journal du matin. Parcourez ses titres et sous-titres qui préviennent votre lecture, votre consommation quotidienne d'énoncés narratifs. Les sentences de vérité s'étalent : le récit de vingt-quatre heures de *l'histoire du monde.*

Mais, dans le piège, le contre-piège ou plutôt le fonctionnement du piège piège non seulement le lecteur mais encore le scripteur qui l'avait monté. Dans la nominalisation de l'événement, une petite histoire. A première vue, une simple confirmation par le fait : jusqu'où les habitants de Vitry ne poussent-ils pas leur affection pour le roi ? « Ils arrachèrent de l'église où le Roi devait entendre la messe la tombe d'un de leurs gouverneurs qui avait été dans le parti de la Ligue, de peur que le Roi ne vît dans leur église le nom et l'épitaphe d'un rebelle. »

Un récit qui est un fait significatif qui rend significatif les feux de joie comme signes de l'affection des gens de Vitry pour le roi ; un récit qui est en même temps déjà de l'histoire. Ils arrachèrent, passé simple. L'événement présent, contemporain de l'énonciation présente, dès qu'il se trouve *écrit,* se transforme en événement passé. Ainsi est-il institué dans son *sème,* son signe, sa mémoire : passé historique.

Or l'anecdote qui nous est contée est l'arrachement d'un tombeau où sont inscrits un nom et une épitaphe, les signes d'un mort. Elle raconte dans ses énoncés narratifs, mais en l'inversant, le procès même par lequel l'historien du roi écrit le récit de son histoire présente. Elle répète la production du passé historique par son négatif, et son narrateur, ce faisant, tombe dans le piège du récit qu'il avait lui-même monté.

Tout d'abord la présence du roi dont l'histoire est le sujet du récit à venir de Racine, cette présence est celle d'un pouvoir de vision, non pas un regard, mais la puissance d'un regard, un œil : « De peur que le Roi ne vît dans leur église. » Quoi donc ? Un nom et l'inscription qui écrit dans le marbre les titres de la gloire de celui qui le porte. Quel est-il ? Un gouverneur rebelle, un représentant du roi, le roi lui-même présent par délégation dans sa province, qui avait été du parti de la Ligue un demi-siècle auparavant.

Au pouvoir absolu de voir, à l'œil du maître capable de lire le nom de son propre pouvoir retourné contre lui-même, répond l'acte de l'effacement des signes du tombeau, le geste de dénomination. Le mouvement de l'histoire retourne alors à l'insignifiance, un acteur de l'histoire qui s'y était éternisé disparaît violemment du lieu sacré où le roi devait entendre la messe. Que se passe-t-il donc dans cette anecdote sinon l'arrachement de l'histoire comme marque signifiante par le pouvoir de l'œil royal au profit d'une autre marque, d'un autre mouvement, d'un autre tombeau où le pouvoir revient à lui-même dans son immanence pleine et où le Nom et l'histoire du pouvoir ainsi réinstitué s'érigent comme récit historique dans le texte de l'historio-graphe, le narrateur artisan de cette reconstitution. En racontant comment le pouvoir de l'œil royal défait l'histoire, Racine raconte comment ce pouvoir fait l'histoire, la ré-écrit par sa plume. Le pouvoir n'instaure le récit de son présent comme histoire qu'au prix de l'arrachement d'un autre récit, d'un nom et d'une épitaphe inscrits sur un tombeau et qui étaient les signes de sa propre scission. Dès lors, sur le marbre de nouveau lisse de l'église de Vitry, peut s'inscrire la nouvelle légende de la Vérité, le récit de Racine, historiographe du roi. Quel œil suffisamment exercé pourra deviner la césure là-dessous ? Quel lecteur futur pourra lire, dans le récit, le palimpseste d'un passé autre, celui du pouvoir retourné contre lui-même ? « Vitry : affection des habitants ; feux de joie, lanternes à toutes les fenêtres. » Personne. Le piège fonctionne.

Mais il fonctionne trop bien. Il fonctionne en excès, tout simplement parce que Racine, dans sa naïveté d'oiseleur rusé, a raconté comment il fonctionnait et, du même coup, il se fait prendre : l'énoncé attrape l'énonciation qui s'y déniait. En narrant l'anecdote de l'arrachement de la tombe du rebelle, Racine fait revenir dans son texte et la tombe et l'inscription et l'existence passée du gouverneur qui avait été de la Ligue. En écrivant l'événement de l'effacement, l'historiographe opère pour l' « effacé » la même transformation qu'il avait opérée par la nomination du bref passage du roi à Vitry :

la Vérité y prononce sa sentence par sa plume et, dans le même moment, l'éternise.

Telle est la fonction de la dénégation ici narrativement représentée : de retourner ce qui a été nié en position sans cesser de le nier, ne le posant qu'à la mesure de cette négation. Le tombeau arraché dans le « réel » revient dans le récit comme tombeau « symbolique ». Et, dans la mesure où cette action des gens de Vitry, effet du pouvoir de l'œil royal, mime dans le réel ce que Racine constitue dans le symbolique, écrire l'histoire du roi comme effet direct du pouvoir royal, il exhibe, sans le vouloir, sans le savoir, le pouvoir de son propre récit — au service du roi — et, dans le même moment, il retourne ce pouvoir contre lui-même par le fait même de le montrer. La négation *réelle* qu'il raconte comme signe du pouvoir du roi est en quelque sorte constitutive, *dans le symbolique,* du contenu nié, c'est-à-dire du pouvoir divisé contre lui-même, de son récit : une structure de conflit.

Dénégation de l'énonciation : admission intellectuelle du refoulé, l'essentiel du refoulement subsistant néanmoins. Cela signifie précisément — une fois le mécanisme démonté — que le sujet de l'énonciation, en déployant dans les énoncés narratifs qu'il écrit le pouvoir de son récit qui tient justement à ce qu'il n'y paraît pas, chute dans son propre piège toutes les fois qu'il exhibe le pouvoir du sujet de son récit (dont il est le double fictif, le simulacre dans l'ordre symbolique), c'est-à-dire qu'il y tombe continûment sans jamais s'en apercevoir.

Un mot encore : arrachement d'un tombeau dans l'église de Vitry ; récit de cet arrachement dans les notes de Racine : pierre en attente de l'érection du « tombeau » du roi, son histoire. Une maison brûle à Saint-Cloud et le tombeau s'en va en fumée. Il ne reste que le récit de l'incendie par Louis Racine, son fils. Il ne reste des restes du gouverneur rebelle dans sa tombe de Vitry que le récit que Racine en fit. Ruses se succèdent et vont s'imitant ; par répétitions enchâssées, contre-ruses naissent des ruses en les retournant. L'effacé revient dans le récit de son effacement ; les « narrés » font trois petits tours et puis s'en vont. Ainsi les « narrateurs » ; pouvoir posé, pouvoir nié et du même coup posé, mais jamais au point, jamais au lieu — ou si rarement —, jamais au moment — ou presque jamais — où l'on s'y attend.

Une autre petite histoire : à propos d'une transformation passive :

> « *Toul.* On séjourna un jour. Le Roi fit le tour de la ville, visita les fortifications, et ordonna deux bastions du côté de la rivière. (...)
>
> *Metz.* On séjourna deux jours. Le Maréchal de Créqui s'y rendit, et eut ordre d'en partir le lendemain. (...) Grand zèle des habitants de Metz pour le Roi. »

Soit donc les deux énoncés narratifs suivants :

1. Le roi ordonna deux bastions du côté de la rivière.
2. Créqui eut ordre de partir de Metz le lendemain.

On peut considérer que (2) est la transformation passive de (1) mais avec, de l'un à l'autre, deux accidents complémentaires significatifs. Dans (1), ellipse de l'objet : le roi ordonna deux bastions, *à qui ?* Dans (2), ellipse de l'agent : Créqui eut ordre de partir, *par qui ?* A l'inverse, en allant de (2) à (1), dans (2), je note la manifestation de l' « objet » de l'ordre : Créqui, et, dans (1), celle du sujet de l'ordre : le roi. Tout se passe comme si — dans le texte — l'apparition de l'objet était corrélée avec la disparition du sujet, comme si l'un et l'autre ne pouvaient être, en même temps, au même lieu du texte. Apparition, disparition dans et de l'énoncé, du sujet et de l'objet découvrant, par leur double défaillance, le lieu et le moment de l'énonciation.

Je reprends l'analyse : du « on » anonyme, commencent se détacher des noms qui ne sont nommés que par la nomination de l'agent de l'histoire : le roi. Le pouvoir absolu est, dans le récit de *son* histoire, d'abord un pouvoir d'élection d'acteurs par distribution des effets de sa puissance : il nomme. Ainsi Créqui qui se rend à Metz, lieu de séjour de « on » : il n'y est nommé que pour recevoir ordre. De qui ? Du roi, bien sûr. Mais celui-ci n'est point nommé à la source de l'ordre comme la parole-nom qui le performe. N'est écrit que l'effet de la parole royale sous forme de propositions dépourvues de toute signification stratégique. Pourquoi Créqui vient-il à Metz pour avoir ordre d'en partir le lendemain ? On ne sait pas. Le roi le sait mais son historien, au lieu de séjour de « on », ne sait rien. Il se borne à noter des signes royaux énigmatiques émanant du *numen* du pouvoir. Du secret du roi surgissent des signes, des actes, des mouvements ininterprétables. Racine s'en souviendra dans l'*Eloge du Roi :* « Dans l'histoire du Roi, tout vit, tout marche, tout est en action. Il ne faut que le suivre, si l'on peut, et le bien étudier, lui seul. C'est un enchaînement continuel de faits merveilleux que lui-même commence, que lui-même achève, aussi clairs, aussi intelligibles quand ils sont exécutés qu'*impénétrables avant l'exécution.* » Nous en sommes, avec Racine, à cet instant d'avant l'exécution : la merveille du fait impénétrable. Un « notable », Créqui arrive et s'en va : merveille ; mais laquelle ? Créqui obéit à une présence non manifestée qui est, par elle-même, performatrice d'ordres.

La trace, dans le texte, de cette présence est l'ellipse du « complément d'agent ». Par absence se montre l'absolu du vouloir royal. Cette absence, c'est la trace de la merveille ; dans le texte, la façon qu'a le narrateur de ce vouloir royal de le montrer : par ses effets, c'est-à-dire des convocations à exister, des nominations d'acteurs comme objets-instruments dont ni les objectifs militaires ni les fins politiques ne sont précisées. L'infinité de la substance voulante du roi n'est représentable que par ses suites.

Autrement dit, le vouloir royal n'est manifesté que dans la syntaxe de l'énoncé narratif. Le roi est cette syntaxe et n'est repérable ni comme figure sémantique dans cet énoncé, ni comme sa référence.

En revanche, à l'étape précédente, « Toul », le roi apparaît dans le récit comme acteur, sujet agissant, voulant, ordonnant. Il se configure sur la scène narrative, mais cette fois sans objet. Lorsque le vouloir royal monte sur la scène, dans la figure d'un acte, alors l'objet disparaît ou plutôt — comme tout à l'heure le sujet — l'objet laisse une trace de son absence dans la syntaxe de cet énoncé. Renversement de l'actif au passif : l'objet apparaît comme figure narrative ; c'est alors le sujet qui passe dans la syntaxe en sortant du champ de ce dont on parle, en ne laissant d'autre trace dans l'ordre discursif que son ellipse. Soit, pour résumer, une formule de ce genre : (Je) ← ordonner → (Tu) où les deux pôles de la structure énonciative, par leur absence/présence complémentaires à la fois, prennent forme *à partir du verbe à l'état neu-*

tre (infinitif) et *lui* donnent forme comme verbe énoncé (configuré).

Ce qui se montre dans ces notes qui font texte par leur caractère fragmentaire, c'est le pouvoir politique absolu comme fantasme, le fantasme du pouvoir et le pouvoir du fantasme dans l'écriture de l'histoire, la structuration du désir de pouvoir du Pouvoir où son absolu tente de se définir : une sorte de modalisation primordiale que l'Histoire monumentale récitera comme un réseau de modalités dont la circulation et les transformations dans le récit se substitueront — nous le verrons — aux énoncés narratifs.

Ordonner : 1. Mettre en un certain arrangement ; 2. Prescrire, enjoindre. Parasynonyme : commander, transmettre un mandement.

Ordre : 1. Disposition des choses selon des rapports apparents et constants, simples ou complexes ; 2. Loi, règle générale dépendant de la nature, de l'autorité, de l'usage, etc. ; 3. Prescription, injonction.

Le fantasme consiste en ceci : si une relation d'ordre est non réflexive, non symétrique et transitive, *bloquer* la fluence du transitif, la référence à la situation dans le cours du processus revient à poser celui qui, dans l'ordre, n'aura plus de prédécesseurs et n'aura que des successeurs, soit l'ordre absolu.

Quand le roi se configure dans le récit comme sujet de l'énoncé d'ordre, point n'est besoin d'énoncer l'objet de l'ordre, puisque « tout », puisque tous les éléments de l'ensemble muni de la relation d'ordre *ne peuvent être que* les « successeurs » du sujet, donc se trouvent neutralisés par l' « ordonner » du sujet-roi. Ils passent dans la syntaxe de l'énoncé, dans l'ordre de cet « ordonner ». Ils disparaissent comme figures sémantiques ou références.

Quand « Créqui » se configure dans le récit comme sujet de l'énoncé d'ordre, point n'est besoin d'énoncer le sujet de l'ordre puisque tous les éléments de l'ensemble ainsi « ordonné » ne peuvent avoir qu'un seul et unique « prédécesseur ». L' « être-ordonné » ne peut l'être que d'un sujet roi. Celui-ci passe donc dans la syntaxe de l'énoncé, dans l'ordre de cet « être-ordonné ». Il est la syntaxe de cet ordre.

Le désir de pouvoir du pouvoir dans le fantasme de l'ordre, le voici : puisque le processus d'ordre est bloqué, puisqu'il n'est pas procès mais structure, l'ordre est toujours déjà accompli et dès lors l'objet de l'ordre ne peut pas se singulariser comme « agent » de l'ordre (à faire). Il est d'emblée inclus dans l' « ordonner » même. C'est pourquoi, lorsque le sujet de l' « ordonner » se configure sur scène, l'objet est pris dans la scène elle-même, sa syntaxe ; et, inversement, si l'objet s'y configure, c'est alors le sujet qui est l' « ordonner » lui-même.

Si donc désirer est la modalisation primordiale de l'énonciation, trace de l'apparition d'un sujet énonçant en tant que négation d'un présent accompli et assertion d'un futur non accompli, le « désirer-le-pouvoir » du pouvoir, dans la structure fantasmatique de l' « ordonner », s'y neutralise, puisque le futur n'est jamais assertion d'un non-accompli et que le présent accompli n'y est point nié, puisque toute temporalité est supprimée, puisque vouloir et pouvoir, modalités secondaires de la modalisation primordiale s'y télescopent dans un « toujours déjà fait ».

Racine l'exprimera là encore en toute clarté dans un *Discours :* « Toutefois, disons la vérité, Monsieur, la voie de la négociation est bien courte sous un prince qui, ayant toujours de son côté la puissance et la raison, n'a besoin, pour faire exécuter ses volontés, que de les déclarer. (...) Eux-mêmes (nos ambassadeurs) confessent que le roi fait tout, voit tout dans les cours où il les envoie et qu'ils n'ont tout au plus que l'embarras d'y faire entendre avec dignité ce qu'il leur a dicté avec sagesse. » Ce texte pourrait passer pour commentaire politique d'un vers de Pindare et d'une réflexion de saint Bernard citée par Pascal : « Quand les dieux ont un désir, l'accomplissement en est prompt et les voies en sont courtes » (Pythiques, IX, 67).

« En Dieu, la parole ne diffère pas de l'intention, car il est véritable ; ni la parole de l'effet, car il est puissant ; ni les moyens de l'effet, car il est sage » (*Ultimus sermo in Missus*).

Fin du journal de voyage de Racine : « Gand, 4e mars. Le Roi, en arrivant à onze heures, trouva Gand investi par le Maréchal d'Humières. Il dîna, et alla donner les quartiers et faire le tour de la place. (...) Les lignes de circonvallation étaient commencées, et le Roi commanda qu'on les achevât : elles étaient de sept lieues de tour. On travailla dès le soir à préparer la tranchée. (...) Le lendemain, 5e mars, la tranchée fut ouverte sur la gauche par le régiment des gardes, et fut conduite jusqu'auprès d'un front.

Le Roi a dit, après la prise de Gand, qu'il y avait plus de trois mois que le Roi d'Angleterre avait mandé à Villa-Hermosa qu'il avait surtout à craindre pour Gand.

Misérable état des troupes espagnoles : ils se sont rendus faute de pain. Le gouverneur, vieil et barbu, ne dit au Roi que ces paroles : "Je viens rendre Gand à Votre Majesté ; c'est tout ce que j'ai à lui dire." »

Ainsi la guerre, la campagne, la définition de l'objectif stratégique et sa prise se sont faites non pas en l'absence du roi ni indépendamment de lui, mais par une sorte *d'action immédiate à distance :* il n'y a qu'un exemple de ce type d'action, la lumière et plus précisément le regard ; pouvoir de l'œil royal, l'œil du maître.

Mêmes remarques pour la suite : faire le tour de la place, c'est l'investir rituellement de la présence royale. Elle circonscrit le lieu, le nomme, en prend possession. De même, la distribution des quartiers superpose, à l'espace géographique et à ses articulations naturelles, l'espace stratégique de sa volonté et substitue l'un à l'autre, espace stratégique balisé par les noms des agents délégués de l'agent de l'histoire, qui ne sortent de l'anonymat que pour re-nommer par la volonté de Sa Majesté les lieux de la réalité. Gand est déjà prise, *ex opere operato,* par le sacrement de la présence et du mouvement du roi, avant même de l'être réellement. Racine ne raconte pas l'événement de la prise ; car l'événement historique n'est qu'une suite immédiate et, à la limite, un simple prédicat du sujet substantiel de l'histoire. A preuve, cette notation, quelques lignes auparavant : « A une lieue de Valenciennes, il (le Roi) m'avait montré sept villes tout d'une vue, qui sont maintenant à lui ; il dit : Vous verrez Tournai qui vaut bien que je hasarde quelque chose pour le conserver. » Un geste : montrer ; un regard totalisant : la représentation est appropriation immédiate des choses vues par le sujet royal ; et les sept villes sont maintenant à lui. Elles ne l'étaient donc pas lorsqu'il les regardait et les montrait, mais il en prenait possession par le pouvoir de son œil : elles étaient déjà à lui. La preuve ? Elles sont maintenant à lui.

« Le Roi a dit, après la prise de Gand... » Un commentaire qui découvre les dessous du jeu stratégique. Un savoir, mais ce savoir du roi apparaît *après* l'événement de la prise de Gand tout comme s'il n'était point apparu *avant* comme le but d'un mouvement, l'objectif d'un calcul stratégique, la fin d'une politique, mais comme toujours déjà inclus essentiellement dans le vouloir du sujet de l'histoire. Le récit racinien est modalisé par le savoir du roi, mais rétrospectivement. Le roi a toujours su ce qu'il en était, depuis le début, même lorsque « le bruit de la Cour était (...) qu'on retournait à Paris ». Et, du même coup, ce savoir, qui, ici — en ce point du texte —, se manifeste, le clôture et le cadre. Le vouloir du roi dont le narrateur-lecteur n'a jusqu'ici perçu que les signes était — nous l'apprenons à la *fin* du récit — programmé *depuis le début* par son savoir de la situation, des intentions et des supputations de ses adversaires.

Et ce savoir rétrospectif, qui inscrit tout le récit entre un point de vue et un point de fuite, qui en établit l'équivalence parfaite, puisque l' « origine » est aussi la « fin » du récit, qui en fait par là même *le* point de vue/point de fuite absolu, ce savoir manifesté dans l'énonciation énoncée du roi dit également le nom de l'ennemi : « Villa-Hermosa ». Contre qui le roi partait-il en guerre ? Nous l'apprenons là, en conclusion, au moment où le récit glisse dans son encadrement. Et cette parole du roi *après* l'événement par laquelle il découvre d'un coup son savoir permanent et *caché* de la situation historique est ainsi productrice de l'événement puisqu'elle le nomme : « Siège et prise de Gand. »

LE ROI S'EN REVIENT DE GUERRE...

« ... Voyant que je ne pouvais présentement espérer une occasion illustre où je me signalerais, j'ai voulu illustrer mes conquêtes en faisant nommer mon nom dans tous les lieux où j'ai cru que l'on pouvait acquérir de l'honneur.
Mais il me siérait mal de parler plus longtemps de ma gloire devant ceux qui en sont témoins.
C'est pourquoi je laisserai à mon histoire le soin de la faire valoir... »

« Conversation de Louis XIV devant Lille », in Pellisson, *Œuvres diverses,* t. 2, Paris, Didot, 1735, p. 336.

Après les petites histoires, le monument de l'histoire du roi : la réécriture du journal du voyage de Gand, du siège et de la prise de la ville, en trois grandes pages de Grande Histoire, « à la manière des Anciens, des Polybe et des Tite-Live ».

Première transformation de cette réécriture : alors que, dans les *Notes de voyage,* les ennemis n'existaient pas, sauf à la fin, dans un effet rétrospectif de cadrage, dans l'*Eloge historique* ils sont *au premier plan,* nombreux, acharnés, puissants contre un seul, le roi : voici la scène de l'épopée en prose.

Deuxième transformation : alors que dans les *Notes* la déclaration de Louis après la prise de la ville — en une phrase —, par son effet rétroactif sur l'ensemble du récit, lui fournissait sa clôture et son cadre, son unité d'action, l'*Eloge historique* inverse cette importance : le récit proprement historique ne sera que la projection de son cadre sur la scène ; autrement dit, le récit est en quelque sorte substitué par son programme ; la narration des actes et des faits par le calcul stratégique ; le vouloir du roi par sa sagesse. L'énigme que constituait la série des actes du pouvoir, leur impénétrabilité, est retournée : elle n'est plus que la face montrée à l'*ennemi* d'un calcul rationnel clairement et distinctement conçu que le récit nous raconte.

Dès lors, troisième transformation, le récit déployé dans l'*Eloge historique* n'est en fait — textuellement —, dans la réécriture historique, qu'un grand syntagme d'énoncés modaux et non plus narratifs. La modalisation primordiale du désir de pouvoir du Pouvoir y devient concaténation de modalités. L'écriture de l'histoire est la transformation de l'économie *libidinale* du pouvoir en économie *politique* narrative : le désir de pouvoir du Pouvoir est structuré, dans son fantasme écrit, comme rationalité stratégique et politique programmant, sans résidu ni défaillance, l'action historique *accomplie*. Du même coup, vous croyez lire un récit, vous ne lisez que le calcul (stratégique-politique) qui a produit l'histoire que ce récit assume dans le texte. Vous croyez assister dans les énoncés narratifs au surgissement des événements à l'horizon de l'histoire à mesure qu'ils sont apparus ; vous ne lisez que la toute-puissante délibération royale qui en a *précédé* l'apparition, tout comme si cette délibération — ce discours *politique* — était producteur des événements, comme si les événements historiques n'avaient d'autre finalité que de venir remplir les séquences de la délibération. Vous croyez contempler, dans la distanciation instituée par la lecture et le passé, l'histoire *accomplie,* vous ne lisez que son *projet futur,* son modèle ou sa matrice opérationnelle, mais comme *l'histoire en train de se faire* (au présent).

C'est pourquoi l'événement *comme* historique est neutralisé, annulé dans le récit qui l'énonce, mixte de surprise et d'attente : où le premier affect est symptôme du futur, l'incertitude de ce qui *n'est point encore,* et le second, du passé, l'expectation de ce qui a *été* prévu. Il y a bien récit d'événements, mais ceux-ci tiennent leur « historicité » de *relever* entièrement et totalement d'une sagesse souveraine qui les a toujours sus et connus, d'une rationalité absolue, intemporelle qui les a toujours déjà performés, et qui, par là même, les *réalise :* il y a bien récit, narration écrite d'un passé accompli ; mais ce passé est *en vérité* le présent intemporel de l'essence royale, de son *verbe.* Le maître de cette transformation est l'historiographe ; c'est lui l'opérateur — par l'écriture — de cette simulation ; c'est lui le dépositaire, dans le texte qu'il écrit, de la raison comme raison d'Etat = moi, « double », simulateur du roi dépositaire de la raison d'Etat = moi comme raison.

« Les ennemis croyaient avec apparence être »..., telle est la sphère modale réservée à l'anti-sujet, au point de départ du récit : l'ennemi croit savoir. Il s'imagine, présume savoir pour vouloir et pouvoir réaliser ses projets : à la modalisation d'incertitude (croire, se flatter de, présumer, douter) de la modalité dominante du savoir que l'historiographe réserve à l'ennemi, au début de son récit, répond l'hypermodalisation de la modalité dominante du roi, le sujet : « le Roi ne put pas se résoudre à les laisser en repos », que je réécris ainsi : « le Roi ne put pas ne pas vouloir agir ». Le roi est impuissant à refuser une action. La volonté d'action du roi déborde le sujet royal : vouloir est son destin.

Soit le tableau initial qui ouvre la scène et la mise en scène narratives:

Ennemi Anti-sujet	croire (savoir)	→ vouloir (faire)
Roi Sujet	non pouvoir (non vouloir (faire))	→ faire

> « Gand même est assiégée. Cette dernière nouvelle est pour l'ennemi un coup de foudre : il est longtemps sans y vouloir ajouter foi. Quelle apparence que le Roi, qu'il croit en Lorraine, vienne assiéger au fort de l'hiver la plus grande ville des Pays-Bas. (...)
>
> Le Roi, ayant supputé le temps que ses ordres pouvaient être exécutés, laisse la Reine à Stenay, monte à cheval, traverse en trois jours plus de soixante lieues de pays et joint son armée devant Gand. Il trouve en arrivant la circonvallation presque achevée, et tous les quartiers déjà disposés, suivant le plan qu'il avait lui-même dressé à Saint-Germain (...) La ville se rend ; et la citadelle, quoique très forte, capitule deux jours après. »

Soit le tableau final qui clôture le récit :

Ennemi Anti-sujet	non vouloir (non croire (savoir))	→ non pouvoir (faire)
Roi Sujet	savoir (pouvoir (vouloir))	→ faire

Du côté de l'ennemi (anti-sujet), je note, par rapport à la séquence initiale :
1. une *permutation* de la catégorie du « vouloir » modalisant son action (vouloir faire) et de celle du « croire » modalisant son savoir et
2. la *négation* de sa modalité dominante (croire) dont la conséquence est son impuissance à agir, la négation de son « faire ».

En revanche, la sphère modale du roi (sujet) devient entièrement positive : son action est la résultante, en quelque sorte immédiate — ou la projection — de l'harmonieuse hiérarchie modale du savoir, du pouvoir et du vouloir : alors que l'agir du roi était initialement l'acte fatal d'une volonté-destin qui débordait et dominait le sujet, à la fin du récit cette volonté réintègre l'essence royale et se trouve subordonnée à la sagesse et à la toute-puissance de la raison-Etat. Vouloir et pouvoir sont hiérarchisés dans et par le savoir du roi ; le sujet a capté la modalité dont il était — semblait-il — initialement dépourvu : le savoir qui alors — semblait-il — caractérisait l'ennemi.

Comment une telle transformation s'est-elle effectuée ? Par une remarquable opération portant, là encore, sur les modalités qui articulent le récit du conflit entre les deux adversaires, l'ennemi et le roi ; par un calcul rationnel, stratégique, qui « vaut pour » le conflit en le représentant dans sa matrice opératoire, sans excès ni manque. Du côté de l'ennemi, le récit narré par l'historiographe se borne à développer la modalité qui le caractérise : croire savoir. L'anti-sujet « reconnaît de bonne foi sa faiblesse » ; conséquence : il *veut* la réparer en cherchant à faire pitié aux Anglais » ; il « veut continuer » la guerre ; « il se flatte que le Roi va laisser au moins la Flandre en repos et qu'il n'aura plus qu'à couvrir les provinces voisines de l'Allemagne ». Le calcul ennemi est un calcul concernant le « croire savoir », en particulier en ce qui concerne la possibilité d'une intervention anglaise à ses côtés, dont la conséquence est un « faire », mais défensif, qui n'accomplit pas une volonté, qui n'est pas la mise en œuvre d'une puissance ou d'une force, mais se contente de spéculer sur une action partielle et diminuée du roi.

C'est du côté du roi que l'opération se situe : le roi *fait croire* à l'ennemi qu'il *veut agir* ainsi que l'ennemi le pense. Qu'est-ce à dire, sur le plan des modalités, sinon que le sujet royal applique à la modalité de l'ennemi (croire), la modalité qui lui est propre, « vouloir » et sa conséquence « faire » ? Le roi fait, mais, ce faisant, il fait croire (l'ennemi, son adversaire). Le « faire croire » du sujet est, si l'on peut dire, la conquête de la modalité ennemie par sa volonté de puissance et d'action, mais en deux temps, en deux coups :

Premier temps qui est celui d'un syncrétisme modal : la catégorie modale du vouloir (faire) est englobée par la catégorie opposée du croire (savoir) et, du même « coup », le sujet royal agit, mais ce qu'il fait est finalisé par le « croire » de l'ennemi : il fait croire. Exacte définition du « traître », dans lequel le sujet est scindé entre l'être et l'apparence, la vérité et le mensonge, le patent et le latent. Autrement dit, le syncrétisme des modalités entraîne le syncrétisme des actants dans un seul sujet. Le roi, acteur-agent de l'histoire, est à la fois le sujet, héros : il veut et il fait, et l'anti-sujet, traître : il ne veut pas réellement ce qu'il veut apparemment ; il ne fait pas ce qu'il semble faire ; il ne dit pas vraiment ce qu'il paraît dire ; il entre dans le jeu de l'anti-sujet, il entre dans le « croire » de l'ennemi par son « faire ». Cette contradiction logique-modale est un « coup » stratégique — une *ruse* — dont le moment suivant prépare le retournement. En effet, le roi, dans la séquence narrative ultérieure, ne se borne plus à faire ce que l'ennemi attend (croit savoir) qu'il fasse. Il fait — il prend l'initiative d'un agir autonome — : « Cependant le Roi rebrousse chemin et, se rendant à Verdun, fait courir le bruit qu'il va assiéger Namur ». Action qui a pour conséquence une nouvelle opinion de l'ennemi. Et c'est là le deuxième temps, le deuxième « coup » du calcul stratégique : le roi fait croire ce qu'il veut parce que, dans le premier temps, il a fait croire ce qu'il veut croire. C'est alors l'ennemi qui entre dans le jeu, c'est l'ennemi — et sa modalité caractéristique, « croire savoir », qui entre dans celle du roi, « vouloir faire ». Le roi fait croire ce qu'il veut en attendant de faire ce qu'il veut. Dès lors, la contradiction logique-modale interne au sujet est résolue et la scission du sujet résorbée avec la dissolution de l'ennemi dans l'essence totalisante et totalitaire, harmonieuse et toute positive de l'Etat = moi, Louis. Mais le moment de la « traîtrise » du sujet est fondamental et nécessaire, car il dote la substance voulante royale d'une raison, d'une sagesse dont elle était initialement dépourvue et dont le récit de l'historiographe posera à la fin qu'elle était présente et agissante, « programmante » depuis toujours : que l'on compare l'énoncé *in limine :* « Le Roi pourtant *ne put se résoudre à les laisser en repos* », et l'énoncé *in fine :* « Le Roi *trouve en arrivant* la circonvallation presque achevée et tous les quartiers déjà disposés, *suivant le plan qu'il en avait lui-même dressé à Saint-Germain.* » Le moment de la traîtrise est également nécessaire, car, en rationalisant la volonté souveraine par la sagesse, il rationalise le secret et l'énigme de l'Etat, de la raison d'Etat et de ses coups (d'éclat). Il permet de doter l'être-roi d'une dimension infinie, d'une densité maximale, d'une opacité à la fois impénétrable et intelligible. Tout s'explique en fin de compte et après coup : l'agent de l'histoire (le roi), c'est l'Histoire même dans son agent, c'est-à-dire une toute-puissante raison qui est raison d'Etat. L'événement historique est bien neutralisé dans son historicité, à la fois parce qu'il est miracle, merveille, irruption, dans le temps des faits, d'une omnipotente volonté de faire, transcendante à son agent, à son sujet et aussi moment (coup) d'un calcul rationnel, d'une matrice stratégique, modèle représentatif produit par une raison immobile omnivoyante, omniprésente, regard ordonnant et ordonnateur des données historiques. Dans la relation que j'esquisse ici entre l'événement historique, la volonté toute-puissante et la sagesse totalisante du roi apparaît également la force de structuration de l' « ordonner » où se proférait primordialement le désir de pouvoir du Pouvoir, puisque se trouvent ramenés à l'unité par le pouvoir narratif de l'historiographe : 1. l'ensemble muni d'une relation d'ordre, 2. la relation d'ordre elle-même, et enfin, 3. l'injonction ou la volonté institutrice d'une structure d'ordre.

Un mot pour conclure sur ce point : la *ruse* du roi est essentielle, non seulement pour assurer son triomphe à Gand, mais encore pour s'assurer une substance totalitaire et consistante, un savoir absolu, une volonté infinie, un pouvoir sans bornes. Ce qui signifie en clair qu'il n'acquiert sa propre substance que dans le récit qu'écrit son historiographe : la *ruse* du roi est la *ruse* de son narrateur et l'ennemi qui tombe dans le piège des marches et contre-marches du roi est aussi bien le lecteur qui chute dans le piège de ce récit, lequel n'a d'autre fonction que d'opérer le fantasme du désir de pouvoir du Pouvoir et de l'y assujettir.

Comment commencer à raconter l'histoire du roi ? Comment finir de la raconter ? La question est d'importance pour deux raisons : la première, technique, qui concerne cette espèce particulière de récit qu'est le récit historique, la seconde, « idéologique », qui tient à la nature même du récit de l'histoire du roi, le récit du pouvoir absolu, de l'agent de l'histoire. Elle pose en général le problème de la représentation narrative, de sa clôture et de son centre, de sa consistance interne et de sa limite. Ce que j'ai appelé le problème de son *cadre* et, avec lui, les caractéristiques du système représentatif en général, de son autoréférentialité et de son auto-indexation, bref la question de la vérité du système, de la vérité du pouvoir par son système, du pouvoir de la vérité du système pouvoir. Autre façon de reposer la question du fantasme structurant le désir de pouvoir du pouvoir, celle d'un *récit-cadre* qui piège le lecteur.

Soit donc le début et la fin de l'*Eloge historique du Roi sur ses conquêtes,* récit dont j'ai étudié une séquence nommée « siège et prise de Gand ». Et d'abord ce commencement, son prologue :

> « Avant que le Roi déclarât la guerre aux Etats des Provinces Unies, sa réputation avait déjà donné de la jalousie à tous les Princes de l'Europe. Le repos des peuples affermi, l'ordre rétabli dans ses finances, ses ambassadeurs vengés, Dunkerque retiré des mains des Anglais, et l'Empire si glorieusement secouru, étaient des preuves illustres de sa

sagesse et de sa conduite ; et par la rapidité de ses conquêtes en Flandres et en Franche-Comté, il avait fait voir qu'il n'était pas moins excellent capitaine que grand politique.

Ainsi révéré de ses sujets, craint de ses ennemis, admiré de toute la terre, il semblait n'avoir plus qu'à jouir en paix d'une gloire si solidement établie, quand la Hollande lui offrit encore de nouvelles occasions de se signaler, et ouvrit le chemin à des actions dont la mémoire ne saurait jamais périr parmi les hommes.

Cette petite république, si faible dans ses commencements, s'étant un peu accrue par le secours de la France et par la valeur des princes de la maison de Nassau, était montée à un excès d'abondance et de richesse qui la rendaient formidable à tous ses voisins. Elle avait plusieurs fois envahi leurs terres, pris leurs villes et ravagé leurs frontières ; elle passait pour le pays qui savait le mieux faire la guerre ; c'était une école où se formaient les soldats et les capitaines. Les étrangers y allaient apprendre l'art d'assiéger les places et de les défendre. Elle faisait tout le commerce des Indes orientales, où elle avait presque entièrement détruit la puissance des Portugais ; elle traitait d'égale avec l'Angleterre, sur qui elle avait même remporté de glorieux avantages, et dont elle avait fraîchement brûlé les vaisseaux dans la Tamise ; et enfin, aveuglée de sa prospérité, elle commença à méconnaître la main qui l'avait tant de fois affermie et soutenue. Elle prétendit faire la loi à l'Europe ; elle se ligua avec les ennemis de la France, et se vanta qu'elle seule avait mis des bornes aux conquêtes du Roi. Elle opprima les catholiques dans tous les pays de sa domination, et s'opposa aux commerces des Français dans les Indes. En un mot, elle n'oublia rien de tout ce qui pouvait attirer sur elle l'orage qui la vint inonder.

Le Roi, las de souffrir ses insolences, résolut de les prévenir. Il déclara la guerre aux Hollandais sur le commencement du printemps et marcha aussitôt contre eux. »

Je pose deux hypothèses :

1. Le « cadre » déclare le contexte de sélection et d'évaluation des événements comme historiques. Il formule les systèmes ou les codes axiologiques, point nécessairement cohérents entre eux, qui contraignent la narration du récit de l'histoire et la lecture qui en est faite. Le cadre du récit est le ressort, la machine du piège qu'est le récit : avec lui

se monte le mécanisme de son pouvoir, sa machination.

2. Définissant un commencement et une fin du récit, le « cadre » appartient au récit et cependant lui échappe : tableau synchronique dans le passé, il pose dans son contenu, il propose à la lecture un état d'équilibre du système représentatif et indique la rupture qui va l'affecter, qui sera l'objet du récit, et que tout le récit visera à résorber dans un nouvel état d'équilibre : le « cadre », entrée dans le désordre du récit et sortie de ce désordre ou encore ordre du désordre narratif.

Le texte, que je viens de citer obéit à ces deux hypothèses : c'est ce qu'il faut (dé)montrer. On pourrait le « résumer » dans l'énoncé suivant : « Déclaration de guerre du Roi aux Hollandais », résumé qui est le point de départ, la première proposition du récit.

Autrement dit, le point de départ du récit historique pose nécessairement une récession, une rétrogradation au-delà (ou en deçà) de lui, qui ne possède pas, en elle-même, la raison spécifique de son arrêt. Dès lors, le récit risque fort de ne jamais commencer, en commençant par un récit rétrogradant sans fin. Bossuet résout le problème dans le *Discours sur l'histoire universelle* (mais parce qu'il s'agit d'une *histoire universelle*) en posant le commencement du récit comme origine, la création du monde par Dieu, et justifie ce commencement-origine par le geste d'écriture du premier des historiens, Moïse, le plus sublime des philosophes et le plus sage des législateurs : « C'est par où commence Moïse (...). Il pose ce fondement tant de son histoire que de sa doctrine et de ses lois. » Le commencement du récit est origine et il est fondement. Il donne la condition transcendantale de possibilité de tout récit historique, la loi de l'histoire qui s'est faite et de l'histoire qui s'est écrite.

Aussi, lorsqu'il s'agit de raconter une histoire *particulière,* et non plus universelle, lorsqu'un historien *décide* d'écrire *une* histoire, n'ayant pas à sa portée immédiate le recours à l'origine et au fondement, il faut bien que cette histoire trouve son commencement dans une coupure « arbitraire », mais il faut également lever l'arbitraire de cette coupure initiale et arrêter la régression vers l'origine et le fondement de cet *Aufhebung* de la coupure implique. La question du cadre est alors posée. Ou, pour utiliser une image, un cadre (de tableau, par exemple) a deux bords, l'un interne, l'autre externe. Le discours-récit initial se développera entre ces deux bords, entre les deux lèvres de la coupure : il sera le point de suture des deux bords de la blessure.

Problème du « cadre » : arrêter la rétrogradation narrative vers l'origine et le fondement, en faisant fonctionner, d'une certaine façon à préciser, le discours levant l'arbitraire de la décision initiale d'écrire l'histoire. C'est en ce point que l'historien contemporain parlera de ses méthodes, justifiera le choix de son sujet, articulera — en guise de préface — sa position de discours.

Racine, historiographe du roi : il traite synchroniquement en un tableau ce qui devait être l'objet d'une diachronie régressive, ce qui aurait dû se dérouler en chaînes linéaires complexes de causalité. La tentation de régression est dissimulée dans un tableau-décor. Plus il sera riche, chargé, complexe, moins l'interrogation du lecteur sur l'arbitraire de la décision énonciatrice d'un commencement sera possible.

Mais, en même temps, la mise en place du décor risque de ne pas établir la spécificité et la raison de l'événement initial : la dispersion synchronique des traits descriptifs d'un espace et d'un objet historiques déterminés à un certain moment du temps ne révélera que le lieu où s'est produit l'événement choisi arbitrairement par l'historien comme point de départ de son récit. Il n'établit pas la raison spécifique de son choix.

Comment donner une unité au tableau, au décor ? Comment faire du tableau un système sinon en lui donnant un centre, en le construisant autour de ce centre, en le faisant obéir à sa loi organisatrice. Autre façon de dire que l'historien déléguera sa décision « arbitraire » de commencer en un point du temps historique à un acteur privilégié de l'histoire qui sera racontée : « le Roi » va fonctionner comme le substitut de l'historien. Point de vue totalisant et arbitraire, l'historien narrateur remet à un acteur « central » *son désir d'écrire de l'histoire,* déplace sur lui son désir. Cet acteur devient alors *celui qui fait l'histoire* en un moment du temps et en un lieu du monde, l'agent de l'histoire. Le désir d'écrire de l'histoire (quels que soient les motifs et les mobiles de ce désir) devient le désir de la faire, une volonté. Ainsi s'établit ici une équivalence, une égalité, une réciprocité parfaite entre l'historien et le roi ; le roi est aussi bien le substitut de l'historien que celui-ci le substitut du roi : écrire de l'histoire équivaut à faire l'histoire, un vouloir politique historique s'échange immédiatement avec un désir d'écrivain.

On voit alors pourquoi le tableau en décor est nécessaire et arrête la régression infinie dans les linéarités causales narratives : tout simplement parce qu'il est centré sur l'acteur de l'histoire et qu'en quelque point du temps que le récit l'expose et le représente, ce point constitue une origine absolue et nécessaire parce que l'Histoire (*Historie*) n'est autre que l'inscription de sa volonté dans les choses et que l'histoire (*Geschichte*) n'est que la retranscription de cette inscription dans l'écriture. En ce sens, et sans introduire ici un paradoxe insupportable, on peut dire qu'il n'y a pas d'historiographie plus *objective* que celle-là, puisque sa loi d'écriture (les traits « empiriques » de la situation de scription, son appareil, le dispositif spécifique de son énonciation) est en quelque sorte *identique* à la loi de l'histoire qu'elle écrit.

Ce tableau-décor est un diptyque avec une charnière : d'un côté, le roi, de l'autre, l'ennemi, et, entre les deux, articulant les deux volets, le « schéma d'incidence » de *l'événement initial* — initiateur — où son historicité est neutralisée au profit de l'acte de l'agent de l'histoire et de son récit par l'historiographe.

« Avant que le Roi déclarât la guerre aux Etats des Provinces Unies, sa réputation avait déjà donné de la jalousie à tous les Princes de l'Europe » : premier volet du diptyque, le roi : l'énoncé inaugural est remarquable. Dès l'abord, et le sujet de l'histoire, et l'ennemi, l'anti-sujet, et l'événement sont posés. Le roi, la déclaration de guerre, la Hollande, *dès l'abord,* dans la linéarité signifiante de la lecture, mais cette précession est *signifiée* comme une succession dans le récit : ce qui est *après* dans la ligne d'écriture est *avant* dans l'histoire que la narration assume. La nappe temporelle (de référence) fait ici un pli, et d'autant plus marqué qu'il ne semble pas y avoir de relation causale explicite entre la jalousie des princes et la déclaration de guerre à la Hollande. La subordonnée circonstancielle de temps est un titre : « La guerre de Louis contre les Hollandais », c'est l'affiche au seuil du théâtre de l'histoire qui va être racontée. On entre : le rideau se lève sur le décor de la scène : la réputation du roi, la jalousie des Princes ; action suspendue, immobile. Le roi est déjà sur les planches, simplement vu dans sa gloire, admiré et envié par toute l'Europe. Il n'a pas agi *pour* être jalousé et envié. Il donne de la jalousie et de l'envie par sa présence. Derrière l'événement à l'affiche, une toile de fond où se définit une antériorité temporelle pure, abstraite et essentielle. Ce qui est antérieur à l'événement n'est pas de l'ordre de l'événement, mais transcendant au temps historique : de grandes entités éthiques et psychologiques, des passions essentielles, réputation d'un côté, la gloire du roi ; jalousie de l'autre, envie et admiration de tous les Princes : un jeu de regards. Moi, le roi, je suis vu dans ma gloire, tous les princes me regardent. L'histoire est, d'emblée, définie comme un spectacle et le récit historique comme sa représentation : *theatrum historiae, theatrum narrationis.*

Il s'agit alors de donner un contenu à la réputation du roi et à la jalousie de tous les princes de l'Europe, et donc de faire un « résumé » de l'histoire du roi antérieure à l'événement de la guerre de Hollande. Mais, avec ce récit abrégé et récessif, le risque réapparaît d'une régression vers le point d'origine introuvable, insituable du récit. Comment le conjurer ?

Les actes de cette volonté, antérieurs à l'histoire particulière et à son point de départ, la déclaration de guerre à la Hollande, vont être universalisés. Pour cela, ils sont abstraits du tissu temporel de l'histoire et posés dans leur essentialité comme « des preuves de la sagesse et de la conduite » du roi, preuves « illustres » connues de tout le monde, et en particulier de tous les princes d'Europe. Cessant, à proprement parler, d'être les actes historiques du roi, ils sont inscrits comme traits de son essence volontaire, de l'être de sa volonté. C'est pourquoi il n'est point besoin d'explications, de récits greffés et rétrogradants. Le spectateur-lecteur de la grande représentation historique en sait suffisamment pour accepter l'éclat de la gloire royale.

Deuxième volet du diptyque, la Hollande, l'ennemi : « Cette petite république, si faible dans ses commencements, s'étant un peu accrue par le secours de la France et par la valeur des Princes de la maison de Nassau, était montée à un excès d'abondance et de richesse qui la rendaient formidable à tous ses voisins. » Dès le premier énoncé, un résumé d'histoire est donné, un récit abrégé, gros de l'avenir du récit historique dans son texte. Dès le premier mot, l'ennemi est fixé dans son essence substantielle et son prédicat principal. La république s'oppose à la monarchie et sa petitesse à la grandeur royale. Du même coup est implicitement posée la contradiction pratique de la conduite politique de la Hollande : une conduite de grande monarchie, alors qu'elle est essentiellement une petite république, conduite d'aveuglement et d'excès.

Dès l'énoncé inaugural, le résumé de l'histoire de la Hollande — le récit de rétrogradation vers l'origine — est confié à deux appositions à l'anti-sujet : « si faible dans ses commencements », voici le début, le point de départ qui est la confirmation dans le temps de l'histoire du prédicat essentiel de l'ennemi, sa petitesse. Essentiellement petite, cette qualité est projetée dans l'histoire à ses débuts comme faiblesse extrême.

L'accroissement qui a suivi n'est pas le résultat d'un développement interne propre à la petite république, qui l'est et le reste, mais d'une aide extérieure — la France — et de la valeur des princes de Nassau. Autrement dit, toute cette histoire abrégée du développement hollandais qui vise à faire des Etats un adversaire du roi se trouve contenue et comme conjurée — dans son risque de dispersion indéfinie — par l'anti-sujet posé dans son essence : « petite république ». Le récit qu'articulent les appositions n'est autonome ni syntaxiquement ni sémantiquement : des appositions qui soulignent que l'accroissement hollandais n'est pas contradictoire avec son essentielle petitesse.

Par suite, l'excès auquel la petite république est montée est la preuve de sa médiocrité, car il est celui — quantitatif — de la richesse et non de la gloire ou de la réputation. La crainte qu'elle inspire est un effet de trompe-l'œil de cette abondance : l'*ubris* marchande et bourgeoise. Et tout ce qui suit dans le texte de l'historiographe est bien une histoire résumée mais traitée sur le mode du décor, avec la série des verbes à l'imparfait : la gradation qui s'y marque n'a d'autre fin — dans la stratégie narrative de Racine —

que de fournir à la volonté royale un adversaire digne d'elle tout en le maintenant à une distance infinie de sa grandeur.

Premier volet du diptyque, le roi : le tableau synchronique, l'histoire « antérieure » du roi n'est autre que la manifestation visible de son essence, de son « vouloir » politique et historique universel.

Deuxième volet du diptyque, l'ennemi : un récit, certes, mais en décor et qui n'est autre que le développement interne d'une essence stable et remanente de petitesse bourgeoise et républicaine.

Entre les deux, une charnière : « Ainsi révéré de ses sujets, craint de ses ennemis, admiré de toute la terre, il (le Roi) semblait n'avoir plus qu'à jouir en paix d'une gloire si solidement établie, quand la Hollande lui offrit encore de nouvelles occasions de se signaler et ouvrit le chemin à des actions dont la mémoire ne saurait jamais périr parmi les hommes. »

Entre les deux sujets antagonistes et les lieux textuels qui leur sont réservés, le lieu exceptionnel du roi comme résultante en repos d'une structure de conflit et comme centre de structuration de cette structure conflictuelle ; lieu de jouissance, non de la paix, mais de sa gloire dans la paix où il est vu de tous, sujets, ennemis, la terre entière, dans son essence parfaite, mais lieu aussi de l'apparence, car, si le roi est contemplé par tous dans sa gloire au centre d'un dispositif universel en équilibre, celui-ci est métastable. Le roi est vu, mais il est également — et sa gloire, c'est cela aussi — le regard universel qui voit tout, regard qui est une force en un instant au contact de l'être qu'elle atteint, lumière. Le roi est vu par tous en repos dans sa gloire, mais sa gloire voit tout, illumination fulgurante, transcendante à l'équilibre des forces, lieu de la réalité.

D'où le schéma d'incidence, schème syntaxique de la plus petite unité narrative : « Il semblait n'avoir plus qu'à jouir en paix de sa gloire, quand la Hollande lui offrit encore de nouvelles occasions de se signaler... », dont il faut bien mesurer la valeur sémantique : matrice fondamentale de tout le récit historique qui va être raconté, la charnière inscrit, très exactement à l'articulation des deux volets du diptyque inaugural de l'histoire, l'événement de la rupture d'équilibre, le point précis du passage du repos au mouvement, d'une statique des forces à leur dynamique : le lieu de l'histoire même en son événement, en son avènement. Mais, en outre, le schème narratif en ce commencement de récit va fonctionner comme un *mécanisme de piège,* un *trébuchet.* L'ennemi n'est posé que dans sa relation au vouloir royal, à sa toute-puissante essence volontaire, à sa force-regard. Il n'a de « réalité » référentielle que celle d'un objet offert à la puissance du roi, d'une matière sur laquelle celle-ci pourra s'appliquer. L'ennemi n'est que l'*espace d'inscription des signes* par lesquels elle sera perceptible. (Qu'est-ce qu'une force qui ne s'exerce pas ? Qu'est-ce qu'une force au repos sinon une absence de force ?) Contemplant le roi avec jalousie, le craignant et l'admirant, l'ennemi potentiel oublie un instant qu'il est vu par l'œil-lumière, puissance universelle, et cet oubli, en un instant, le fait tomber dans le piège tendu : il s'offre sans le savoir comme l'instrument de la gloire royale, comme le lieu où exercer sa force.

Mais le trébuchet fonctionne encore en ceci que l'*événement-avènement* de l'histoire y est, d'un seul coup, converti en *occasion :* occasion d'agir pour le roi, occasion d'écrire pour son double fictif, l'historien. La Hollande « ouvrit le chemin à des actions dont la mémoire ne saurait jamais périr entre les hommes ». A peine posé, l'événement *historique* de la rupture d'équilibre est neutralisé : l'événement perd son autonomie de « fait historique », il est occasion d'une inscription des signes — c'est-à-dire des effets — du vouloir royal dans l'espace, sur le corps des Hollandais, et il est occasion de la scription des actions de ce vouloir comme histoire racontée par son historien. L'événement historique n'est historique qu'en ce qu'il offre à l'agent de l'histoire la possibilité de la faire et au narrateur de cet agent la possibilité de l'écrire. L'acte initial du roi en cette guerre est le *speech-act* initial du récit de l'historien. En un instant, les signes de la grandeur, de la puissance et de la gloire qui vont s'inscrire dans le lieu hollandais s'écrivent et se capitalisent dans les signes de leur représentation, l'écriture de l'histoire. L'ennemi hollandais est tombé dans la cage de l'œil du maître ; le lecteur de Racine, dans celle du récit.

L'histoire royale est la projection multiple et éclatante d'une essence volontaire singulière, d'un moi-volonté royal, de l'Etat = moi, dans des actes qui ne sont que des preuves de cette essence volontaire : autrement dit, on ne sort pas du *présent* récit historiographique, qui *s'écrit* comme récit dans le texte de Racine, présent « dont la mémoire ne saurait jamais périr... »

En revanche, parce que c'est l'ennemi et que c'est une république, un récit en prologue au récit historique est fonctionnellement nécessaire pour faire de la Hollande une occasion de gloire pour la volonté royale. Le passé raconté, et la façon dont il est raconté, confirme la petitesse essentielle de l'ennemi tout en produisant cette occasion. D'où l'obligation de sortir du présent inscrit comme récit par l'historiographe pour aller au passé et *constituer l'occasion.*

Ce récit de l'événement en schéma d'incidence, tout en étant une énumération amplifiée qui justifie le déclenchement du vouloir royal, est rigoureusement construit ; démontons le piège :

« Et enfin, aveuglée de sa prospérité, elle commença à méconnaître la main qui l'avait tant de fois affermie et soutenue. Elle prétendit faire la loi à l'Europe ; elle se ligua avec les ennemis de la France et se vanta qu'elle seule avait mis des bornes aux conquêtes du Roi. Elle opprima les catholiques dans tous les pays de sa domination et s'opposa aux commerces des Français dans les Indes. En un mot, elle n'oublia rien de tout ce qui pouvait attirer sur elle l'orage qui la vint inonder. »

Ce mouvement, ce monument d'écriture, clôt le prologue. C'est le moment le plus difficile dans le récit de l'histoire, car il s'agit de commencer. Il conclut logiquement et narrativement le récit d'encadrement en soulignant le point d'excès de la conduite d'excès de la petite République de Hollande. Et, dans le même mouvement, il le condense en marquant, « en un mot », que ce point d'excès est le point de déclenchement du vouloir royal et de commencement du récit de l'historiographe : en un mot, l'instant précis où le trébuchet bascule, celui du piège.

Démonter le piège consiste à repérer, dans le texte, la transformation de l'événement en occasion. L'événement est produit par le discours dans son historicité comme un fait modalisé par une conduite politique : et la modalité caractérisant le comportement politique de l'ennemi, c'est l'*aveuglement :* « aveuglée de sa prospérité... » Voir, contempler la gloire du roi en son lieu essentiel et central, c'est être aveuglé par sa lumière.

L'oubli, la méconnaissance, l'aveuglement, toutes modalités de minimisation d'un savoir ne sont chez l'ennemi potentiel que le revers de la mémoire, de la connaissance, de la clairvoyance du roi. Etre aveuglé, pour l'anti-sujet, c'est agir avec clairvoyance pour le sujet. Telle est la structure de conflit dont un des deux pôles est occupé par le pouvoir absolu ; étrange structure dans laquelle les initiatives de l'ennemi, avant même d'être accomplies, ses intentions, avant même d'être réalisées, sont depuis toujours déjà contenues dans la sagesse et la volonté de son adversaire comme leur négation, leur contraire. Nous retrouvons ici l'aporie essentielle du pouvoir absolu qui est l'aporie de son essence absolue, à savoir qu'il ne peut pas avoir d'extériorité, d'adversité et que cependant il faut bien qu'il en ait une, *quodam modo,* puisque sans elle il ne pourrait pas manifester son absolu ; impuissance qui en annulerait, en un instant, le caractère essentiel.

D'où le retournement de l'événement historique en occasion d'acte de l'agent absolu de l'histoire, retournement que seul le discours de l'historiographe peut opérer, en en racontant le récit. En effet, l'événement — en tant que tel, dans son historicité — ne peut qu'être la manifestation d'une volonté et d'une conduite politique autonome, échappant à la sphère de l'absolu royal. Il serait la marque d'existence politique de sujets *autres* que le roi, dans l'espace universel. De tels événements peuvent *apparaître tels,* mais le *travail* du récit historique du roi consistera à en manifester l'apparence. Le roi est révéré de ses sujets, craint de ses ennemis, admiré de toute la terre. Il est posé d'emblée avant même que le récit ne commence comme vouloir universel singulier. Aussi l'événement, en tant que marque d'une volonté et d'un pouvoir échappant à la volonté et au pouvoir du roi, doit être, par le discours historiographique, immédiatement converti en *occasion* d'exercice de cette volonté : c'est là la forme profonde du discours de la flatterie, dans la relation de l'histoire. Conversion effectuée en deux temps. Premier temps : la « petite république » agit, produit de l'événement dans l'oubli, la méconnaissance, l'aveuglement. Elle ne sait pas ce qu'elle fait, conduite d'excès. En produisant de l'événement, elle se nie, en quelque sorte, comme sujet de cette production, comme vouloir autonome de faire l'histoire. Deuxième temps : dès lors, l'événement ainsi produit devient l'*occasion* de la manifestation du vouloir universel singulier du roi, dans lequel était, si l'on peut dire, déjà contenu le sujet ennemi. Le sujet ennemi participe sans le vouloir, sans le savoir, au discours universel de flatterie par lequel le moi singulier royal, sa volonté singulière et comme privée, est reconnue comme volonté universelle. Tout se passe comme si le sujet ennemi faisait tout ce qui est nécessaire pour que cette volonté royale se manifeste comme universelle. « Tout se passe comme si... », seul le discours historiographique peut, en fait, réaliser cette transmutation et découvrir, dans la conduite politique de l'autre sujet, le discours inconscient de la flatterie. « En un mot, elle n'oublia rien de tout ce qui pouvait attirer sur elle l'orage qui la vint inonder. »

En possession de soi, la substance voulante du roi se tourne vers les choses, non afin de les posséder, mais pour, à leur occasion, s'approprier soi-même absolument. Certes, la *virtù* royale a, pour s'exercer, besoin des événements où elle puisse s'appliquer. Mais, en eux-mêmes, ces événements sont indifférents, lui sont indifférents. Agir, ce n'est pas répondre par une attitude subséquente à un événement imprévu qui apparaîtrait de façon hasardeuse dans le champ historique. C'est avoir en soi et par anticipation — essentiellement — la réponse à toutes les questions possibles. L'événement n'est pas un problème, une question historique dont il faudrait chercher la solution pratique, mais une simple occasion pour le roi de montrer son vouloir comme vouloir universel, une *facultas exhibendae virtutis :* autonomie absolue de ce vouloir, pris en lui-même. Tout le problème de la *virtù* royale, de la *virtù* en acte, consiste à faire passer sa totalité, sa plénitude, dans la « petitesse » de l'occasion *présente*. Et c'est cela, le rôle de l'historiographe royal. C'est lui qui non seulement va convertir (par le recours à l'écriture qui pose ce que fait le roi, ce que veut le roi ici-maintenant dans le présent de sa gloire souveraine, comme histoire, comme « actions dont la mémoire ne saurait jamais périr parmi les hommes ») l'événement extérieur en occasion présente et singulière de manifester cette gloire, mais encore montrer, par cette écriture même, qu'en chaque « occasion » la totalité de la *virtù* royale se manifeste pleinement. C'est pourquoi il n'y aura pas de petits événements, ou de petites occasions : l'achat de Dunkerque ou la vengeance de l'insulte protocolaire faite à un de ses ambassadeurs est sur le même plan que telle ou telle « grande » stratégie politique.

Il faut en venir maintenant à la conclusion du récit, à l'autre morceau du cadre qui le clôture à sa fin, par lequel l'historien répond à la question : comment en finir d'écrire ? et où — implicite de tout récit *historique* — il se trouve que le récit rejoint, dans son développement diachronique, la narration qui depuis le début le produisait, le lieu d'énonciation qui le racontait. C'est bien ce que le lecteur constate dans l'énorme bordure terminale de l'*Eloge historique du Roi sur ses conquêtes depuis l'année 1672 jusqu'en 1678.*

Une séquence de conclusion proprement narrative qui consacre la paix, un renvoi du récit qui vient d'être raconté à l'être même du roi en son essence, une description de la France comme le corps écrit du roi et enfin l'ultime mouvement d'écriture par lequel *est établie* l'équivalence (et la substitution) du sujet de l'énonciation et du sujet de l'énoncé, équivalence *opérée* à l'autre bout du récit, en son début. Ici est produite l'écriture d'une écriture, celle du corps royal, le royaume et le récit de l'histoire est défini, dans sa réalité textuelle, comme une sorte de microcosme ou de modèle réduit de la substance royale.

> « Ainsi le Roi, qui avait vu tous les Princes de l'Europe se déclarer l'un après l'autre, voit les mêmes princes l'un après l'autre rechercher son amitié, recevoir en quelque sorte la loi de lui, et signe une paix qui laisse à douter s'il a plus glorieusement fait la guerre, ou s'il l'a terminée avec plus d'éclat. »

Séquence de conclusion, rétrospection narrative : dès l'origine, la gloire du roi avait donné de la jalousie à tous les princes de l'Europe, tous les princes de l'Europe se sont déclarés — au cours de cette guerre qui vient d'être contée — contre lui et tous, en cette fin, recherchent son amitié et reçoivent la loi de lui... Le récit en rétrospection est condensé dans une simple relative dont l'antécédent est le sujet royal : à la fois clôture du récit et inclusion de ce récit dans le sujet. Etrange relative dont le « qui » (avait vu...) oscille entre explication et détermination : il est en effet grammaticalement déterminatif, puisqu'il n'appartient pas à l'essence du roi de voir se déclarer contre lui les princes d'Europe, mais il appartient à la substance royale de se manifester par là : l'événement est occasion. Le récit des actions royales étant désormais écrit et achevé, nul ne peut faire que ce qui a eu lieu (ce qui est écrit) n'ait pas eu lieu (n'ait pas été écrit). Le texte historique opère l'identification de l'essence royale dans son existence : relative explicative.

De même, en introduisant le présent narratif dans la conclusion du récit, le narrateur fait glisser l'histoire dans le discours, le monde narré dans le monde commenté : le passé qui est le mode d'écriture du présent royal comme histoire à jamais mémorable cède la place à ce présent même, mais comme discours du narrateur-roi. Le lecteur est impliqué dans ce qui est écrit, sans toutefois que le narrateur renonce à la distance magnifiante du récit. Pour appeler les lecteurs en témoins contemporains de l'action sur la scène « comme s'ils y étaient maintenant », le narrateur opère une compensation entre récit et discours, en vue de créer un effet de « suspens ». Cependant, cet effet ne peut se produire, puisque nous avons déjà lu le dénouement du récit à la gloire du roi = narrateur. Le présent narratif ici opère la jointure entre le récit proprement dit et son cadre. Il opère le discours par lequel l'histoire est signifiante.

C'est ce qui apparaît à plein dans le doute « rhétorique » de la fin du paragraphe où la première branche de l'alternative renvoie au récit proprement dit et la seconde à sa conclusion. Mais, en même temps, cette hésitation fictive se réfère historiquement à deux conceptions de la guerre : la guerre est-elle une fin en soi ou la guerre est-elle le moyen de la paix ? Si le vouloir royal est cette essence absolue de l'Etat comme moi singulier du monarque, alors on peut en déduire que faire la guerre est bien l'occasion essentielle de sa manifestation dans le temps et l'espace.

> « Voilà, en abrégé, une partie des actions d'un prince que la fortune a pris, ce semble, plaisir d'élever au plus haut degré de la gloire où puissent monter les hommes, si toute-

fois on peut dire que la fortune ait en quelque part dans ces succès qui n'ont été que la suite infaillible d'une conduite toute merveilleuse. »

La lecture est désormais passée dans le cadre du récit, hors de la représentation narrative, sur son bord extérieur. Nous prenons par rapport à elle la distance du point de vue énonciatif, point de vue que nous n'avions jamais quitté, mais que le déploiement du récit avait occulté. Il nous est donné l'injonction de prendre du recul et de contempler la représentation. Cette distance théorique est réinvestie par l'énonciateur, et du même coup se trouve déterminé un lieu de lecture, une position de réception du récit. Alors le récit devient la référence *interne* du texte que nous lisons, référence au récit comme objet textuel. Autrement dit, *encadré.* Mais en même temps se trouve désigné dans l'extériorité, le référent du récit, l'histoire : indiscernabilité du récit et de l'histoire, du représentant et du représenté. Ainsi est solidement établie l'équivalence parfaite entre la représentation et l'être, entre le dit et ce dont il est dit. Mais, à la faveur de l'injonction qu'est l'énonciation de « voilà », un acte de langage s'est effectué qui fait être le récit historique comme la réalité même de l'histoire et aussi bien, à l'inverse, l'histoire comme la réalité textuelle du récit. Plus subtilement encore se conclut l'échange parfait, depuis le début opéré, entre l'historien, sujet énonciateur du récit et le sujet inscripteur de l'histoire, entre celui qui raconte l'histoire et celui qui la fait.

Mais ce récit n'est qu'un abrégé, un résumé. Nouvel effet du cadrage : ce ne sont pas toutes les actions du Prince qui ont été racontées, mais seulement une partie d'entre elles. Le narrateur signifie, à nous lecteurs, qu'une opération sélective a eu lieu par le récit même qu'il a fait de la campagne royale, et que cette sélection est une mise en état de signifiance des événements réels qui ont effectivement eu lieu. Toutefois, le récit n'a pas seulement prélevé quantitativement une partie des actions du Prince parmi l'ensemble de celles qu'il a accomplies : qualitativement, celles qui ont été choisies représentent ou condensent la totalité. Telle est exactement la sélection évaluative. En lisant les actions qui ont été racontées, nous contemplons toutes les autres, même celles qui ne l'ont pas été. Tel est le sens de l'abrégé ; la partie vaut pour le tout : elle est le tout. Synecdoque narrative : un élément de la représentation est le noyau génératif de la totalité ; le récit de la guerre de Hollande, d'un récit potentiel, Histoire du roi, ce récit que Racine est en train d'écrire, qu'il doit écrire de par sa fonction d'historiographe et que Louis XIV est en train de faire dans la réalité européenne et française.

Cette opération de sélection-évaluation grâce à laquelle la partie vaut pour le tout, et produit le tout par repli ou application du tout sur la partie, est admirablement soulignée par la suite de la phrase, puisque la partie des actions du Prince qui vient d'être racontée y trouve son universalisation : « Le Prince qui s'est élevé ou qui a été élevé au plus haut degré de gloire où puissent monter les hommes. » Cette universalisation du noyau génératif qu'est le récit achevé-raconté à l'histoire totale du roi et aussi bien à l'historiographie potentielle de son règne que Racine doit écrire est, sous un autre angle, la référence (l'auto-référence) des actions du Prince, de la partie qui en a été racontée, à la substance universelle qui est le vouloir universel de l'Etat. Nous allons alors retrouver ici, mais sur le plan universel où désormais se situe le *discours* racinien, ce que nous avons déjà analysé à l'entrée du récit historique particulier de la guerre de Hollande : l'intégration de l'événement historique singulier, externe, comme occasion de manifestation du vouloir universel, à la substance interne de la volonté royale.

D'où le mouvement de reprise par Racine d'un stéréotype rhétorique qu'il réactive philosophiquement : 1. la gloire du roi, c'est le plaisir de la Fortune ; 2. la gloire du roi, c'est la suite infaillible d'une conduite toute merveilleuse.

Ce qui peut apparaître à la lecture comme une simple reformulation rhétorique de l'éloge du roi est, en fait, un mouvement de bascule « dialectique » du discours d'un contraire à un autre où se manifeste toute la philosophie de l'histoire royale — toutes les stratégies du pouvoir absolu. Avec le premier membre de la proposition, le vouloir royal est, en quelque sorte, subtilisé entre un agent qui porte le nom de l'inconnaissable comme puissance de l'aléatoire, « la fortune », et un accompli qui est comme le résultat, le supplément de plaisir (pour parler comme Aristote) de l'action réussie mais conduite et agie par cette puissance : « le plus haut degré de *gloire* où puissent monter les hommes ». La *virtù* royale a, dès lors, disparu dans la pure extériorité. C'est, au fond, la conception machiavélienne de l'action politique, la *virtù* dans son articulation à la fortune, qui est ici disqualifiée au moment même où en est retenu un des éléments fondamentaux. Racine retient la *fortune seule,* fait disparaître le vouloir, l'énergie singulière et ne consigne que le résultat : la gloire ; transformation radicale de la positivité de l'analyse machiavélienne dans une espèce de métaphysique de l'aléatoire et de la chance. Mais cette transformation n'a de sens que pour préparer la reprise, la « relève » de la *virtù* machiavélienne au niveau supérieur de la philosophie monarchique de l'histoire. La fortune n'a eu aucune part dans *ces* succès. Ils n'ont été que le résultat immanent, infaillible et nécessaire d'une conduite toute merveilleuse ; la fortune *extérieure,* aléatoire, la chance indéterminée est passée dans l'intériorité, dans l'immanence de la « merveille ». Et, du même coup, le vouloir royal s'annexe, de façon immanente, la sagesse, le savoir total, en le rendant en quelque sorte coextensif au temps et précisément au futur. Le vouloir royal est aussi savoir et son présent d'acte, son présent actuel, est coextensif au futur : providence, soit, mais plus encore actualité qui exclut toute contingence (les futurs contingents) mais englobe en elle l'aléa, l'intègre comme le geste même de sa nécessité.

Telle serait alors la fonction de l'historiographe : faire apercevoir — mais après coup — que le vouloir royal est aussi sagesse, était toujours déjà sagesse, discernement, prévision.

La matrice présente du présent toujours actuel de la volonté royale est réinscrite, le présent contemporain de l'action qui manifeste cette volonté est réécrit, dans un présent rétroactif, celui du texte historique achevé où le présent actuel de la volonté royale est donné *à lire* comme sagesse supratemporelle, dominant l'infini du temps, passé et futur. Ce remaniement après coup ne se borne pas à donner aux expériences passées un nouveau sens. Il leur donne une autre efficacité. Et c'est bien là la stratégie de Racine dans la suite du texte que nous avons cité. C'est une relecture par l'historien — par son lecteur — du récit de la guerre selon les *paradigmes* fournis par les attributs et les perfections de la substance royale, à l'intérieur de cette substance, dans l'architecture de ses qualités et de ses modes. Par son déploiement immanent, il opère l'identification de la sagesse et du vouloir, de la rationalité et de la puissance : « Jamais Capitaine n'a été plus caché dans ses desseins, ni plus clairvoyant dans ceux de ses ennemis. Il a toujours vu en toute chose ce qu'il fallait voir, toujours fait ce qu'il fallait faire. » La puissance est programmée par la rationalité, la volonté par la sagesse, et du même coup — et après coup —, le lecteur est programmé par le récit de l'histoire. Sujet du roi, il est assujetti au sujet roi : le pouvoir politique par le pouvoir du récit s'assume absolu.

LE CORPS INSCRIT DU ROYAUME.

C'est par la description du royaume de France pendant la guerre qui vient d'être contée que progressivement se clôture le récit historique dans son cadre. Un glissement continu du texte entraîne l'énoncé vers la position énonciative du narrateur. Simultanément, le récit va s'enclore dans le lieu de la narration et celle-ci opérer la fermeture de la représentation autour d'elle, se poser et s'enfermer à l'intérieur du tableau.

> « De là vient que, dans un temps où toute l'Europe était en feu, la France ne laissait pas de jouir de toute la tranquillité et de tous les avantages d'une paix profonde. »

Quel est ce nouveau miracle ? La volonté universelle-singulière du roi agit particulièrement : elle entre dans le détail du gouvernement de son royaume, elle s'applique aux besoins particuliers de ses sujets comme « si toutes ses pensées avaient été enfermées au-dedans de son royaume ». Le discours historiographique, après coup, effectue la compensation entre particularité et universalité, volonté et sagesse, miracle et ordre. Il dégage, sous la forme d'un énoncé totalisant, la somme des effets miraculeux particuliers de la volonté royale dans le corps du royaume : il était en repos au moment où l'Europe était en feu parce qu'elle était le champ des occasions de manifestation de la volonté du roi.

Double effet du vouloir politique du roi : *à l'extérieur* du corps, le mouvement ; *à l'intérieur* du corps, le repos ; *à l'extérieur,* le bouleversement de l'agir ; *à l'intérieur,* la *paix* des organes. Double conduite également merveilleuse et la séparation même de ces deux conduites est miraculeuse. Le « moment » du décor du récit, l'Europe en feu, la France en paix, est inclus dans la substance royale, dans l'essentialité de son vouloir universel. Mais le vouloir vers l'extérieur, c'est l'action miraculeuse, tandis que le vouloir vers l'intérieur, c'est la sagesse, l'ordre également merveilleux. De même que le discours historiographique comme récit de premier plan a pour fonction de transmuter les événements en occasions de manifestation, de même, comme récit d'arrière-plan — et cela, une fois le récit des conquêtes du roi de 1672 à 1678 *achevé* —, il a pour fonction de transmuter les actions particulières du roi à l'intérieur en *ordre* général (en santé) de son corps propre, le royaume. Dans l'encadrement initial, la tête, l'âme, ne jouit pas de la paix, mais de la gloire dans la paix (et encore il ne s'agit là que d'une apparence) alors qu'à la fin la France ne laissait pas de jouir de toute la tranquillité et de tous les avantages d'une paix profonde. Oppositions terme à terme, articulations de l'âme et du corps : inertie du corps Royaume, passivité dans la profondeur des organes, immobilité et permanence d'un *état* dans tous les sens de ce terme, comme résultante générale des actions particulières du roi (âme) sur son corps-Etat.

Dans le même temps, dans ce développement, l'écriture glisse du récit vers le discours d'éloge, mais pour quel éloge ? Pour la célébration d'une écriture déjà inscrite sur le corps du roi, son royaume, écriture où l'architecture tient une place privilégiée : le monument civil et militaire est, sur le corps français, la trace de l'action royale, sa manifestation permanente, sa mémoire visible. On notera le même mouvement dans la suite, entièrement articulé sur le présent énonciatif : « Il y a quinze ans... maintenant... aujourd'hui. » Or il est remarquable que cet aujourd'hui qui est celui de l'acte d'écrire soit en même temps défini et délimité comme le *règne* du roi. Le maintenant de l'écrivant de l'histoire est le règne présent de la présence royale. Le passé est évoqué (« tous les rois qui l'ont précédé, l'air grossier de nos pères »), l'histoire de France ; le récit qui vient de s'achever, de même (« la rudesse qu'une longue guerre apporte d'ordinaire avec soi »), mais, par rapport au présent du règne, qui est aussi le présent de l'écriture de l'histoire, est réaffirmé le principe fondamental de l'équivalence entre le narrateur et le sujet de l'histoire, puisque ce qui s'écrit sous forme de monuments et de chefs-d'œuvre, ce qui se dit sous forme de langage et de manières (la politesse) dans et sur le corps de l'Etat français, est produit par les bienfaits du roi (ses largesses), par ses idées, ses jugements (la finesse de son discernement, le goût du Prince, les idées qu'il a fournies), ses ordres enfin, dont les effets réarticulent la nature — le corps géographique, naturel de la France — en une culture qui le modèle et le crée : le jardin royal.

L'histoire du roi est déjà écrite sur le corps du royaume par le roi lui-même comme monument et culture et l'historiographe, en fin de compte, se borne à reproduire en langage et en texte le geste royal d'inscription de son histoire dans toute l'étendue du corps de l'Etat. D'où la conclusion :

> « Il est donc juste que les sciences et les arts s'emploient à éterniser la mémoire d'un prince à qui ils sont redevables. Il est juste que les écrivains les plus illustres le prennent pour l'objet de toutes leurs veilles ; que les peintres et les sculpteurs s'exercent sur un si noble sujet. Mais, tandis qu'ils travaillent à remplir les places et les édifices publics d'excellents ouvrages où ses actions sont représentées... »

Les sciences et les arts ne sont que la réécriture de cette écriture originelle du vouloir universel-singulier dans l'espace des choses, des traces et des empreintes de ses actions dans l'étendue du corps de l'Etat = moi. Toutefois, cette écriture dérivée qu'est la représentation des effets de la volonté royale dans le médium du langage est affirmée par l'historiographe plus essentielle que celle dont elle est la copie. La représentation des effets de la force transcendante dans le corps social est plus fondamentale que ces effets mêmes, *parce qu'elle est nécessaire.* Elle l'est pour éterniser la mémoire du Prince. Elle donne à l'espace des traces et des effets, la dimension du temps par affranchissement de la durée et de la destruction. Ici donc s'affirme l'universalité du langage, et sa prééminence sur les arts de la peinture, de la sculpture, de l'architecture, parce que le langage, le discours universel, est consubstantiel à l'universalité du vouloir dans la singularité de la personne royale. Echange de deux universels, connivence de deux pouvoirs qui ne peuvent réaliser leur absolu que par cette nécessaire complicité. L'injonction racinienne est aussi souveraine, aussi totale que l'objet dont elle parle. Et si la spécificité de l'histoire est d'éterniser la mémoire du Prince, dans le pouvoir de l'historiographe viennent se résumer et se représenter tous les arts de la représentation du pouvoir.

L'ultime mouvement de clôture alors commence :

> « ... quelques personnes zélées plus particulièrement pour sa gloire ont voulu avoir dans leur cabinet un abrégé en tableaux des plus grandes actions de ce prince ; c'est ce qui a donné occasion à ce petit ouvrage qui renferme tant de merveilles en très peu d'espace, pour leur mettre à tout moment devant les yeux ce qui fait la plus chère occupation de leurs pensées. »

Mouvement par lequel il est fait retour au « livre » qui s'achève, à la lecture qui se referme sur une image, au récit qui se clôture dans un tableau.

Mouvement de focalisation de la représentation sur elle-même, sur son procès, condensé, concentré au double foyer de l'œil du maître et de son tout-puissant regard. Mais en même temps est donnée l'ultime injonction, l'instruction de lecture.

Comme dans un tableau, le procès de représentation s'exerce d'abord sur la « surface profonde » du corps de l'Etat, travaillée et inscrite. Cette inscription est alors retranscrite dans une représentation en deux lieux essentiels : la place et l'édifice publics où le corps de l'Etat se donne en représentation dans la représentation des actions de son prince. Mais voici que les représentants éminents de ce corps, les représentants de l'Etat = moi et de son désir de pouvoir opèrent le retour du vouloir même du Prince à sa source par la médiation des objets qui le représentent, le signifient et en tiennent lieu comme les instruments de sa puissance. Ce sont eux, plus particulièrement zélés pour sa gloire, pour la mise en spectacle de sa volonté, qui ont voulu avoir dans leur cabinet (lieu privé certes, mais dont toute la fonction est de représenter les lieux publics du pouvoir et de l'y installer afin que rien n'échappe à son emprise), un abrégé en tableaux des plus grandes actions du Prince. Quel est cet abrégé ? C'est le récit historique que moi, historiographe du roi, j'achève d'écrire, récit devenu tableau, l'histoire du Prince et sa continuelle merveille condensée en une unique hypotypose où elle se fait voir dans son incandescence ponctuelle et son rayonnement. Le récit qui s'achève dans le livre est l'ultime effet de ce pouvoir qui, cependant, a été constitué absolu par ce récit, accompli par cette écriture. Circularité, réciprocité parfaite : la dépense infinie du vouloir est entièrement et totalement mise en réserve dans le petit volume écrit, prête à nouveau à se dépenser sans fin dans la lecture qui en sera faite, dans la contemplation permanente et présente des actions récitées du Prince, dépense de nouveau mise en réserve dans les mémoires et dans les regards. Mais, à l'inverse, c'est parce que le récit a été récité, le livre écrit, que la substance opaque du vouloir royal a pu se déployer en occasions historiques, manifester ainsi ses perfections et constituer son pouvoir comme absolu dans cette écriture qui ultimement se reconnaît elle-même produite ou effectuée par ce pouvoir. Circularité qui est une définition possible de la simulation par laquelle le pouvoir d'Etat s'assure universel et absolu et l'historien comme son simulacre dans le récit qu'il écrit.

On peut dire aussi que le livre d'histoire enclôt la représentation narrative d'une somme infinie de miracles concentrée en « très peu d'espace » : espace du livre homologue de celui du cabinet, lui-même homologue de celui des places et des édifices publics, et celui-ci de l'espace du corps de l'Etat. Emboîtement pour mettre la représentation, le récit, à tout moment devant les yeux. Permanente présence où s'annulent les particularités de l'espace et du temps. Mémoire — c'est-à-dire permanence et éternisation en un quasi-point — de ce qui fait la plus chère occupation de leurs pensées. Le regard des spectateurs-lecteurs fait retour au point de fuite infini où se condense le pouvoir universel, le vouloir du roi. Dans ce processus d'emboîtement et d'encadrement du récit, non seulement la clôture de la représentation est elle-même représentée à toutes les étapes de sa constitution mais elle n'est autre — en sa représentation — que le déploiement de la volonté universelle-singulière : l'objet même de la représentation. Autoreprésentation parfaite : la volonté universelle — qui se déploie dans son extériorité — et singulière du roi — qui se condense au point de fuite — fait retour à elle-même comme désir de soi : la représentation même du pouvoir absolu.

Ainsi l'œil (du maître) se contemple-t-il dans son propre regard-lumière, universellement présent grâce au dispositif de captation-réflexion du récit d'histoire qu'il se donne lui-même.

IV. la conquête du pouvoir

> « Au fond de lui, et pour la première fois, Wilson douta de la puissance de son génial collaborateur. Pourquoi parlait-il tant et agissait-il si peu ?
> « Pourquoi ? s'écria Sholmès, répondant aux pensées intimes de Wilson, parce que, avec ce diable de Lupin, on travaille dans le vide, au hasard, et qu'au lieu d'extraire la vérité de faits précis, on doit la tirer de son propre cerveau, pour vérifier ensuite si elle s'adapte bien aux événements. »
>
> Maurice Leblanc, *Arsène Lupin contre Herlock Sholmès,* Le Livre de poche, Paris, 1963, p. 127.

Je finis par où j'avais commencé. Je reviens à un conte, une fable : celle de la conquête du pouvoir — absolu — par un chat. Point tout à fait cependant, puisque ce fut son maître qui le conquit, le plus jeune fils d'un meunier qui, ayant perdu son père, perdit aussi son moulin et son âne, mais, grâce à Dieu et à la loi, ayant eu en héritage ce chat, grâce à lui déjà marquis, épousa aussi la fille du roi et devint roi lui-même — ce que mon histoire, celle de Perrault, laisse entendre. Le maître du chat conquiert donc le pouvoir, mais en toute cette importante affaire on reconnaîtra vite qu'il est, sous une forme ou sous une autre, l'instrument des ruses de son chat : celui-ci lui donne la richesse économique, la puissance érotique, le pouvoir politique — qui dit mieux ? — et ne garde rien pour lui, sinon le divertissement, le plaisir gratuit et sans fin. Belle leçon de sagesse. Qui donc disait que le pouvoir corrompt et que le pouvoir absolu corrompt absolument ? Hélas, il s'agit d'un chat. O Racine, que n'avez-vous écouté, comme le gros Jean de Château-Thierry, la leçon des bêtes ? Rester au fond des bois ou à leur lisière et subir l'inexorable loi de la nature : ou manger ou être mangé, la loi du simple besoin. « Sans phrases. » Exercer sa force sur un autre ou subir la force de l'autre. Le fort ou le faible, loi de vie ou de mort. Cependant, le faible survit parfois, souvent. C'est que le fort cesse un moment d'exercer sa force — de manger lorsqu'il n'a plus faim. Satiété, satisfaction naturelles. *Satis :* c'est assez. Limite de la force. La nature fait peut-être des sauts, mais elle ne reconnaît pas l'excès, la démesure : rétablissement des équilibres un moment rompus. C'est aussi que le faible échappe à la force du fort : il se dissimule, il se cache à l'œil rapace. Terriers et gîtes, couloirs et boyaux ; il fuit, en brouillant sa piste, tourne en rond plusieurs fois et prend la tangente dans un ruisseau et la trace de l'odeur s'interrompt au nez du fin limier. Il s'immobilise, plus inanimé que pierre, plus silencieux que souche et la différence d'un bruit ne parvient plus à l'oreille dressée, à l'écoute. Parfois aussi les forces affrontées dans le combat de la vie et de la mort sont de différentes natures. Le faible est fort d'une autre force que celle du fort : détente rapide du chat sur la proie mais les souris fuient plus vite encore et point en ligne droite, et notre chat ne sait plus où jeter la griffe. Alors l'un ou l'autre rusent. « Tours de souplesse » : se pendre par les pieds pour faire le mort et « Le pendu ressuscite, et, sur ses pieds tombant, / Attrape les plus paresseuses. / (...) C'est tour de vieille guerre. » Ou se cacher dans la farine, ruse à laquelle répond, cette fois, la prudence d'un rat, « vieux routier qui savait plus d'un tour »... « Rien ne te sert d'être farine/ Car quand tu serais sac, je n'approcherais pas. »

Au faible, il ne sert à rien d'accuser la force ou de la contredire ou de demander sa soumission à la justice ; il ne lui sert à rien de *tenir le discours de la justice* contre la force, car celle-ci, s'exerçant quand même, dira que le juste est injuste et que c'est elle qui est juste, et la justice du juste dès lors ne saura prévaloir contre la justice du fort. Ce *discours* de la force, la force qui a dit un jour, pour toujours, qu'elle était juste, se nomme *pouvoir.* Mais il sera toujours possible au faible de ruser avec le discours de la force, avec la « justice-de-la-force », et de répondre à son discours immuable par des paroles rusées : prendre le pouvoir à sa propre force, c'est dire la parole de ruse, puisque le pouvoir n'est que le discours de la force, et Pascal m'a appris que ce discours était aussi le vrai — une certaine vérité — et le juste — une certaine justice. La force ne peut être ni contredite ni accusée, sinon par une parole qui sera toujours dite par le pouvoir, fausse et injuste. Dire la parole de ruse, c'est bien prendre le pouvoir à sa propre force ou détourner et retourner la force du pouvoir contre elle-même par le discours. Pour quoi ? Deux possibilités : pour s'emparer du pouvoir, c'est-à-dire tenir, à son tour, le discours de la force. Le maître a changé, mais il y a toujours un maître, ou bien, pour survivre, en réchapper d'une façon ou d'une autre. Il arrive parfois qu'à ce salut-là s'ajoute, en prime, le plaisir. C'est ce que j'ai lu dans *le Maître (du) chat* ou *le Chat botté* raconté par Charles Perrault au temps du pouvoir absolu de Louis XIV. Le maître du chat conquiert le pouvoir, s'empare du discours de la force, le tient et le garde à la fin, *grâce à son chat.* Dévouement sublime de la bête à son maître ? Fidélité inépuisable ? Non pas. Simplement pour sauver sa peau. Ecoutez le discours de son maître au début du conte. Misérable, exclu de toute société, le père mort et le partage du patrimoine fait, le petit dernier, le dernier de tous, ne pouvait se consoler d'avoir un si pauvre lot : « Mes frères, disait-il, pourront gagner leur vie honnêtement en se mettant ensemble ; pour moi, lorsque j'aurai mangé mon chat et que je me serai fait un manchon de sa peau, il faudra que je meure de faim. » Le chat est en danger d'être mangé. Voilà qui déclenche toute l'histoire et, quand bien même il le serait parce que son pauvre maître est en danger de mort lui aussi, la préséance du maître sur la bête subsiste : il ne mourra de faim qu'*après* avoir mangé son chat. Lisez la fin : le fils du meunier devenu marquis, dès le même jour épousa la princesse ; le voilà gendre de roi grâce à son chat. Celui-ci devint grand seigneur. La hiérarchie subsiste dans ce que l'on nomme les cercles du pouvoir. Mais l'important est ce qui suit : il ne courut plus après les souris que pour se divertir. Le pouvoir reste au maître. Il s'est emparé du pouvoir absolu et le garde. Quant au chat, il est hors besoin, ni mangeur ni mangé ; mais seulement pour un moment : n'ai-je pas souvenir d'une version bretonne ou poitevine de l'histoire où finalement il laisse sa peau après avoir connu la béatitude de la satisfaction ?

Ce qui m'intéresse dans cette histoire est ceci : comment le chat donne-t-il le pouvoir à son maître ? Peut-être — pour être tout à fait réaliste, certains diraient cynique s'il ne s'agissait de chat — ne lui donne-t-il le pouvoir que parce que, dans la tactique qui est la sienne, il ne peut faire autrement ? Peut-être est-ce là une tactique à la différence d'une stratégie ? La tactique serait la position de celui qui n'a pas de force en soi, qui n'est pas un sujet de vouloir et de pouvoir parce qu'il n'a de force que par rapport à un autre qui, seul, ou veut ou peut avoir la force. C'est parce que son maître, si pauvre, si misérable, si imbécile qu'il soit, est, depuis le début, depuis toujours son maître que le chat peut sauver sa peau en lui donnant le pouvoir. Son maître change simplement de lieu et de position de maîtrise. Maître du chat au début, il devient à la fin maître de la fille du roi, maître futur du royaume, et le chat restera toujours serviteur. Mais mieux vaut, n'est-ce pas, courir après les souris en grand seigneur que de finir en manchon et en civet dans une casserole.

Comment donc le chat donne-t-il le pouvoir à son maître ? Comment le fait-il changer de position de maîtrise ? Au début, l'un et l'autre sont des marginaux, rejetés à la lisière du monde culturel. Les deux frères aînés à la mort du père reconstituent une cellule économique et sociale viable, productive : tout au moins ils le peuvent, l'un avec son moulin, l'autre avec son âne. Le dernier en est incapable avec son chat. Une seule possibilité lui est laissée, purement naturelle : j'ai faim, je mange, quoi ? Mon chat. J'ai froid, je m'habille de sa peau. Moment, mais moment seulement, d'assouvissement des besoins, auto-conservation sans durée, sans projet dont l'issue est la mort : « Il faudra — dure nécessité naturelle — que je meure de faim. » La relation de maîtrise subsiste bien, mais elle ne s'exercera qu'une seule fois avant de disparaître, le chat mangé. Et, dès l'abord, cette régression à la nature revêt l'aspect d'une transgression. Vous vous souvenez du chasseur malchanceux qui, revenant bredouille, pour sauver la face, offre à manger à ses amis un chat en guise de lapin. Il n'est pas de retour possible à la nature de l'homme de culture. Ce n'est que régression et déchéance. Mais la transgression du tabou culinaire est ici nécessité et non point réaction de prestige. D'où la première ruse du chat ; toute négative : *faire semblant* de ne pas entendre, de ne pas comprendre alors que le rusé, attentif à tout, comprend déjà tout. Rétorsion : une proposition, « Tu es mon maître bien que tu ne sois rien. Donne-moi un sac, fais-moi faire une paire de bottes pour aller dans les broussailles et je te donnerai quelque chose. » — « Quoi donc ? » — « Tu verras que ce que tu crois être — mal partagé, réduit à mourir — est une apparence. » Un contrat d'échange : au lieu de me prendre (et de me manger), donne-moi et tu recevras. Apercevons bien, sous l'apparence, la réalité de ce contrat : lâche la proie que tu as sous la main pour l'ombre, une autre proie que je te promets. Mais chat ne promet rien. Il fait croire qu'il promet une nourriture future et, ce faisant, il introduit dans l'urgence, dans l'imminence du danger mortel — pour lui —, un écart, une distance, un délai. L'animal domestique va redevenir bête sauvage, animal de proie tout en gagnant les signes qui le qualifient dans l'ordre des hommes, tout en accédant, et de façon ambiguë, au plan des maîtres, les bottes aristocratiques et le sac de l'homme de corde : il accède au statut du déclassé. C'est ainsi qu'en reculant il avance. Le maître tombe dans le piège. Parce qu'il *sait* les ruses de son chat pour manger les souris, il *croit* qu'il rusera à son profit de maître. Il ne mange pas son chat mais au contraire il lui donne ce qu'il lui demande : les bottes que son serviteur animal prétend utiles pour aller dans les broussailles, et le sac.

On sait la suite : le chat piège un « jeune lapin peu instruit encore des ruses de ce monde », comme il avait tant de fois piégé les souris : en faisant semblant, en simulant la mort à laquelle il vient d'échapper ; puis deux perdrix, puis du gibier. Ruses habituelles de l'animal domestique à l'égard de l'animal sauvage. Le piège monté par ruse, critère d'une limite entre nature (sauvage) et culture (humanité). Le chat relève de la seconde parce qu'il construit des pièges en rusant l'adversaire. Le piège, « dispositif », machine qui vise à prendre, c'est-à-dire à conserver la proie. Se souvenir ici de Hegel : la sagesse des animaux qui, dans leur désespérance de la réalité des choses sensibles, dans l'absolue certitude de leur néant, les saisissent sans plus et les consomment. Le piège, la ruse permet de saisir ce que l'animal n'aurait peut-être pas saisi et de différer la consommation. Telle est bien la fonction du sac, de prendre et de garder : le sac, un garde-manger provisoire de la nourriture par provision et le chat remplirait ainsi, par trois fois, le contrat d'échange proposé à son maître : « Tu ne m'as pas mangé ; tu m'as donné un sac et des bottes ; je te donne à manger un lapin, deux perdrix, du gibier. » Voici donc que serait constitué le couple des marginaux prédateurs, le maître et son serviteur ; entre le moulin et la garenne, les parasites « culturels » de la nature sauvage, forme primitive de société. En vérité, dégénérescence d'une cellule sociale.

Ce serait mal connaître Maître Chat, le rusé. Sa tactique a une tout autre ampleur. Il diffère le remplissement du contrat, lui-même différence de l'urgence, et d'un seul bond, investit le centre de pouvoir, le sommet de la hiérarchie sociale et culturelle. Son lapin dans son sac, « il s'en alla chez le Roi et demanda à lui parler ». Désormais, les ruses seront de langage. Au lieu de donner son lapin à son maître, il le donne au roi : « Voilà, Sire, un lapin de garenne que M. le Marquis de Carabas (c'était le nom qu'il lui prit en gré de donner à son maître) m'a chargé de vous présenter de sa part. — Dis à ton maître, répondit le Roi, que je le remercie et qu'il me fait plaisir. » La scène se répète dans le récit deux fois encore : deux perdrix et le roi « lui fit donner pour boire », du gibier pendant deux ou trois mois, de temps en temps, que le chat porte au roi de la part de son maître.

Il faut nous attarder un moment sur la ruse du chat, double en vérité et qui provoque une transformation essentielle dans l'état des choses. Sa ruse est de discours : elle consiste, de la part du chat, à nommer librement son maître. Il ne lui a pas donné son lapin, il lui donne un nom, mais il lui donne ce nom en donnant le lapin à un autre et point n'importe quel autre, le maître de l'Etat, le Pouvoir même, centre et sommet. Dès lors, pour le fils du meunier, cette nomination est une dénomination, un changement de nom, un pseudonyme. Il croit se nommer Pierre, Simon ou Colin. Toutefois, dans son isolement de marginal, il ne se nomme tel qu'avec lui-même. Mais se nomme-t-on soi-même pour soi-même ? N'a-t-on point *son* nom pour les autres ? Or, pour les autres, pour le roi qui représente tous les autres éminemment, son nom est autre. *Mais il n'en sait rien.* Il ne sait pas qu'il a perdu son nom et qu'il en a reçu un autre. Du coup, en perdant son nom, à son insu, il a perdu son identité. En revanche, comme le roi, nous aussi, lecteurs, nous ignorons le nom du meunier décédé, le « vrai » nom du père et du fils. Mais, à la différence du roi, nous supposons que ce nom existe. Pour le roi, un anonyme est ici maintenant nommé par un nom qu'il pense « vrai ». Pour nous lecteurs, de même, mais nous le pensons faux. D'où la nécessité textuelle et logique de l'incise, acte énonciatif où le narrateur s'adresse au lecteur pour lui signaler l'acte de langage du chat.

En quoi l'opération que le chat est ici une ruse et, avec elle, l'amorce d'une tactique ? Je peux nommer librement une chose, qu'elle ait déjà un nom ou qu'elle n'en porte point : les définitions nominales sont arbitraires et incontestables, à la condition toutefois que j'en avertisse autrui et que je n'en change point dans la suite de mon discours, à la condition aussi que je ne les confonde point avec les définitions de choses par lesquelles je dis *ce qu'est* la chose. Ainsi, je peux nommer « table » une chaise et je serais compris de ceux auxquels je parle si je les avertis de ma décision, que je n'appelle point ensuite dans mon discours « chaise » une table et que, subrepticement, je n'attribue à la chaise les caractéristiques de la table. En un sens, le chat formule une définition nominale de son maître devant le roi, mais en « oubliant » le réquisit fondamental de son emploi. Il ne déclare pas au roi son acte de dénomination : « A partir de maintenant et dans toute la suite de mon discours, avec vous et avec les autres, j'appelle mon maître marquis de Carabas », et, du même coup, le roi comprend et ne peut que comprendre que ce nom est le « vrai » nom du maître du chat. En revanche, il ne changera point de définition dans la suite de son discours et il ne confond point le nom de l'individu et ce qu'est l'individu, puisqu'il s'agit d'un nom propre, nommant donc l'individu qui porte ce nom : « Marquis de Carabas est le nom de l'individu qui s'appelle marquis de Carabas. » Mais, ce nom est-il seulement un nom propre ? Oui en un sens, puisqu'il désigne un individu, un singulier, non seulement parce qu'il n'y a que le fils du meunier à porter ce nom dans et par le discours de son chat, mais encore parce qu'étant un

« faux nom » nul ne l'a porté avant lui. Non, en un autre sens, puisqu'il s'agit d'un titre de noblesse, « Marquis de Carabas », et que, dès lors, non seulement par ce nom le chat nomme son maître mais par le titre accolé au nom il l'insère dans un ordre social, dans une classification culturelle. Le maître du chat par le nom fait partie de la noblesse et, dans la noblesse, d'un des groupes hiérarchiquement les plus élevés : les marquis. Par là, le nom du maître donné par le chat est un faux nom, un pseudonyme, et doublement faux, puisqu'il n'est pas celui que porte la lignée paternelle du fils du meunier : la nomination est dé-nomination, puisqu'il fait accéder le maître du chat à la noblesse et dans la noblesse au marquisat. Donc il est non seulement un pseudonyme — un faux nom — mais il est usurpation d'une appellation — un faux titre. Toutefois, pour le roi, Marquis de Carabas désigne celui qui lui fait présenter un lapin de garenne, puis deux perdrix, puis du gibier, régularité et fréquence qui donnent au pseudonyme et à l'appellation la consistance et le poids d'un usage et, à la limite, une légitimité par contenu. Le roi prend l'habitude de recevoir des présents d'un inidividu dit « marquis de Carabas ». En acceptant les cadeaux, il accepte, autorise — sans le vouloir ni le savoir — l'usage d'un nom et d'une appellation. Avec du temps, les choses les plus fausses deviennent vraies. Il y a ruse en ceci précisément que le roi est pouvoir d'appellation des individus. C'est lui qui confère les titres de noblesse à ses sujets pour les récompenser de leurs mérites. Le chat piège le roi par là : il détourne la force du pouvoir (de « nommer ») dans son usage à son *usage* particulier, tout en rendant, par la répétition, cet usage particulier acceptable par celui qui détient le pouvoir de nommer.

Cette ruse initiale va provoquer toute l'histoire, c'est-à-dire une série de ruses complémentaires visant à la vérification de la dénomination donnée la première fois : se nommer, être appelé « marquis de Carabas » veut *dire* posséder un habit de marquis, des propriétés, un domaine, un château. La tactique du chat consistera donc à faire être successivement ce qu'il a dit (décrit) la première fois par le nom appellatif. La fausse définition de nom sera une vraie définition de « chose ». A la fin, le fils du meunier sera le marquis de Carabas, avec en prime le plaisir érotique, la fille du roi, qui sera *en même temps* la conquête du pouvoir : il prendra le Roi. Echec et mat.

Pour l'instant, toutefois, une transformation essentielle intervient, transformation simultanée de l'acte de dénomination : en présentant au roi comme cadeau du marquis de Carabas le jeune lapin qu'aurait dû manger le fils du meunier, le chat transforme, en un instant, *la chose bonne à manger en signe,* signe de l'hommage du vassal au suzerain, signe de reconnaissance du pouvoir opéré par détournement et retournement de la force du pouvoir. Le pouvoir est pris au piège, puisque sa propre puissance usurpée par le chat rend, en quelque sorte, légitime son usurpation. Circularité du piège : c'est en donnant à son maître le faux titre de marquis de Carabas que le chat peut transformer le lapin de garenne comestible en signe d'allégeance de son maître au roi, mais, en acceptant ce cadeau du marquis inconnu de lui, le roi, sans le savoir, autorise le maître du chat à porter ce titre. En recevant donc le lapin du marquis, le roi ne reçoit pas une chose mais un signe et, pour le moment, répond en donnant au chat des signes : mots de remerciements et de plaisir, argent pour boire ; passage de la nature à la culture par la force du nom. Du même coup, les marginaux, le fils du meunier et son chat, sont intégrés à la société par les signes de langage. En langage, ils participent au système, à son pouvoir, le maître comme marquis, le chat prédateur comme messager, instrument de communication entre le vassal et le suzerain.

Deuxième épisode du récit, l'épisode central, une nouvelle ruse, un autre piège : « Un jour qu'il (le chat) sut que le Roi devait aller à la promenade sur le bord de la rivière avec sa fille, la plus belle princesse du monde, il dit à son maître : "Si vous voulez suivre mon conseil, votre fortune est faite : vous n'avez qu'à vous baigner dans la rivière à l'endroit que je vous montrerai et ensuite me laisser faire." (...) Le marquis de Carabas fit ce que son chat lui conseillait, sans savoir à quoi cela serait bon. » Le chat qui, notons-le, n'a jusqu'ici point rempli son premier contrat, en propose un second à son maître : « Faites ce que je vous dis et votre fortune est faite. » Contrat « léonin », car le maître doit obéir servilement à son chat sans savoir ce que cette obéissance lui rapportera : il devient serviteur d'un dessein dont il lui est seulement dit qu'en fin de compte il lui sera bénéfique. Mieux encore, tout se passe, dans le discours du chat, comme si, en suivant aveuglement *à l'avenir* ses conseils, la fortune du maître *était déjà* faite, comme si l'objectif *futur* visé par le dessein et proposé par promesse et contrat *était* déjà atteint. Ce qui est demandé au maître est de se dépouiller de ses habits, de se mettre nu dans la rivière, de se réduire à zéro (ce zéro qu'il est déjà et sans le savoir — mais, tout au long du récit, le maître du chat sait-il jamais quelque chose ? — puisqu'il a perdu son identité en perdant son nom), et cela pour être un *maximum :* n'être rien, c'est être tout. Impossible, dira-t-on, contradiction ? Certes, s'il n'y avait les forces du discours rusé qui décriront la baignade comme noyade et le déshabillage comme un vol d'habits. Soit, mais la simulation est pire que la réalité. Sans doute. Mais *dire* noyade au lieu de baignade *veut dire* appel au secours, *dire* vol d'habits au lieu de déshabillage *veut dire* habillage. Le roi qui passe par là est alors placé — parce qu'il a reçu le don de gibier du marquis — dans l'obligation de répondre à ce don par un secours d'abord, par un habit ensuite. Le lieu de la rivière est le moment de l'occasion, l'instant opportun, *kairos :* le présent des simultanéités. « *Dans le temps* qu'il se baignait, le Roi vint à passer et le chat se mit à crier : Au secours... *Pendant* qu'on retirait le pauvre Marquis, le chat s'approcha du carrosse et dit au Roi que, dans le *temps* que son maître se baignait, il était venu des voleurs qui avaient emporté ses habits quoiqu'il eût crié au voleur de toute sa force. » Que fait le chat ? Il ment, dira-t-on : son maître se baigne, il ne se noie pas. Il s'est déshabillé, mais ses habits ne sont pas volés, ils ont été cachés sous une grosse pierre. Bien sûr, mais son mensonge n'est point seulement falsification de la réalité. Il ne se borne pas à dire ce qui n'est pas mais il fait être ce qu'il dit ou, plus précisément, il fait arriver dans l'événement l'occasion en en extrayant les possibles. Il ne les manifeste toutefois que parce qu'ils sont déjà là. Pour les faire apparaître, il suffisait de leur donner un événement. Etre retiré de la rivière par les gardes à l'ordre du roi, revêtir l'habit du roi n'était possible que si le fils du meunier se baignait — au moment où le roi passait — que s'il était tout nu à ce moment même,

dit. Il avait seulement différé de le faire, et il les honore au centuple. Au lieu d'un tout jeune et tout petit lapin de garenne mangé solitairement à la lisière des bois et des terres cultivées, les somptueuses ressources d'un immense domaine recréées par l'art de la cuisine qu'il mange et offre à manger au roi et à la princesse. Le circuit d'échange en ce point se dédouble. Le chat rend à son maître, sous la forme de la collation, le lapin qu'il ne lui a pas donné en échange de sa propre vie, mais aussi bien le marquis rend au roi, sous cette même forme, les secours reçus, l'habit donné et plus encore le titre et la terre qu'il l'a autorisé — à son insu — à posséder. Ce repas, que la fortune — qui, comme on sait, sourit aux audacieux et plus encore aux rusés — a envoyé au chat pour parfaire son entreprise par la plus magnifique des conclusions, est le repas d'un autre, de l'autre, de l'ogre, préparé pour les ogres, ses amis et je ne peux m'empêcher de penser que quelques faucheurs et moissonneurs hachés menus comme chair à pâté en ont fourni les viandes les plus exquises. Autrement dit, c'est son domaine, ses propriétés que le marquis offre au roi, leur propriétaire éminent, avec le signe de cette collation magnifique autant que symbolique. La fortune, l'événement, l'imprévu et l'imprévisible : voilà donc ce qui rend justes les contrats, authentiques les promesses, fidèles les engagements dans la réciprocité parfaite des échanges, dans la convenance symbolique des dons et des contre-dons. Terrible leçon que celle de la sombre ironie pascalienne sur la justice et la vérité politiques. Leçon désespérée si tout l'édifice social et son fonctionnement exact ne s'étaient pas trouvé pris, depuis le début, dans le filet des ruses du chat, à leurs pièges astucieux délicatement montés et réussissant chaque fois par détournement et retournement de la force du pouvoir. L'ironie négative, désespérée, de Pascal devient alors humour et le système du pouvoir dans les représentations imaginaires qu'il se donne pour se justi-fier, pour se véri-fier, tombe, en cette fin, dans un ultime piège, *à la faveur d'un excès.*

Voici donc que le pouvoir calcule dans son infinie sagesse, dans son omniprésent savoir : « Le Roi, charmé des bonnes qualités de Monsieur le Marquis de Carabas, de même que sa fille qui en était folle, et voyant les grands biens qu'il possédait, lui dit : Il ne tiendra qu'à vous, Monsieur, le Marquis, que vous ne soyez mon gendre. » Le roi calcule : mieux vaut intégrer au domaine et à la famille royaux un vassal aussi puissant. Je lui donne ma fille et droit de me succéder, mais, du même coup, je l'absorbe, non point moi individu, mais l'Etat comme moi. De son côté, le marginal a conquis (dans tous les sens du terme, polémiques et séducteurs) le pouvoir, mais en même temps il a été conquis par lui (dans l'unique sens stratégique). Ainsi, conquérir le pouvoir, c'est à la fois gagner et perdre : gagner et se perdre, puisque tout pouvoir est absolu et qu'il ne peut avoir d'extériorité. Fin calcul du roi, stratégique sagesse de l'Etat ; pas d'extériorité, il lui faut tout absorber pour être total. Il lui faut tout dévorer. Soit. Mais, là encore, je ne peux m'empêcher de penser que cette conquête du pouvoir par le fils du meunier et de celui-ci par le pouvoir ne soient un peu folles et que cette folie ne soit l'ultime ruse, le dernier piège du chat exploitant l'événement que la fortune lui envoie pour en faire une occasion, une bonne affaire. Le pouvoir calcule, avons-nous dit, sans doute. Mais vous aurez noté que le roi n'en vient à la déclaration solennelle : « Il ne tiendra qu'à vous, Monsieur le Marquis, que vous ne soyez mon gendre », *qu'après avoir bu cinq ou six coups :* quatre ou cinq de trop sans doute. Je ne peux m'empêcher de penser que le chat a enivré le roi et que son maître en a aussi la tête tournée : « Le Marquis, faisant de grandes révérences, accepta l'honneur que lui faisait le Roi. » Le calcul royal comporte donc un excès, le système des échanges réciproques des dons et contre-dons justement alternés, un surplus, quelques verres de vin supplémentaires qui expliquent la solution finale. Juste retour de choses : à la lisière du bois, le jeune fils déshérité n'avait rien à manger, sinon son chat, rien à se mettre sur le dos, sinon la peau de l'animal. A la fin, il épouse la princesse et deviendra roi, mais peut-être parce que le roi a trop bu. Si un homme peut mourir de faim parce que le pouvoir et sa loi sont injustes, le pouvoir peut trop manger et trop boire et le roi donne sa fille au premier venu. Justice du défaut et de l'excès, justice de ce retournement de l'un dans l'autre : humour. Il est vrai qu'entre l'un et l'autre un chat est passé, qui savait parler, bien et au bon moment, qui n'avait d'autre ambition, d'autre projet, d'autre calcul que de n'être point mangé par son maître et qui, pour ce faire, de fil en aiguille, de bottes en sac, de simulation en mensonges, d'actes de langage en pièges de discours, a conquis le pouvoir, tout le pouvoir, le pouvoir absolu pour son maître. Pouvoir devenu sans extériorité, une fois le mangeur (l'ogre) mangé, une fois la princesse épousée ; à l'exception du chat qui est son reste — inutile. « Le chat devint grand seigneur »... Dans le système du pouvoir absolu, il est la puissance de divertissement du système ; sans appétit, sans besoin, finalité sans fin, gratuité et jeu : plaisir supplémentaire et en excès ... « qui ne court plus après les souris que pour se divertir ».

LE ROI PERDU ET RETROUVÉ.

Contre-épreuve : on connaît la petite histoire que raconte Pascal en prélude au *Premier discours sur la condition des Grands*. Un homme est jeté par la tempête sur une île dont les habitants étaient en peine de trouver leur roi qui s'était perdu. Comme dans le conte de Perrault, un événement, le naufrage, un « marginal », l'homme jeté par la tempête à la côte, dépourvu de tout. Mais, à sa différence, en ce cas, une vacance du pouvoir, comme on dit. Inexplicable, mais là n'est pas le point. Au centre de l'île, au cœur du système social articulé hiérarchiquement et clos de toutes parts par l'infinité de la mer, un lieu vide, le lieu-du-roi. Mais, comme le naufragé ressemblait de corps et de visage au roi qui s'était perdu, les habitants de l'île le prennent pour lui. Nouvelle donnée inexplicable, cette ressemblance parfaite. Le roi perdu est soudain retrouvé, mais comme son simulacre, et l'homme perdu par la tempête dans l'île se retrouve pour se perdre à nouveau, en un moment, puisqu'il est pour les autres autre qu'il est en réalité. Ni le roi ni l'homme, en « vérité », mais l'un et l'autre, simulacre.

Je dis simulacre, et non point représentation. Car le naufragé n'est point pour le peuple, le délégué du roi absent, malgré ou plutôt à cause de sa ressemblance parfaite. Le roi ne se dédouble pas en présence et absence pour substituer, avec l'homme, la présence de son absence à l'absence de sa présence, structure et destin de toute représentation.

L'homme n'est pas le signe naturel du roi comme mon image dans le miroir l'est de mon corps et de mon visage. L'homme *est* le roi pour les sujets de l'île. Sans la garantie d'un référent qui définirait les critères et les marques de la validité et de la vérité de sa signifiance. De même, dans les regards et les gestes que les habitants de l'île ont à son égard, dans leurs comportements de respect et d'obéissance, l'homme ne se saisit plus lui-même, ne s'identifie plus « même », il se découvre autre, sauvé de l'anéantissement dans la tempête pour se perdre dans la différence. Le pouvoir dans sa figure est à jamais perdu, pouvoir qui serait seulement vérité et justice et à sa place, en son lieu déserté, son simulacre. D'un coup et d'un seul, offert par le hasard, l'homme, le marginal, a conquis le pouvoir. La légitimité, l'autorité, la fondation politique sont des données du hasard. Nulle entreprise de la volonté, nul calcul de l'entendement, ni tactique ni stratégie. Le coup d'une tempête, la fortune d'une ressemblance si parfaite qu'elle installe en un instant, sur le trône, un double.

Au début, l'homme ne sait quel parti prendre. Enfin, il résolut de se laisser traiter en roi et de recevoir tous les respects que les habitants de l'île lui rendaient. Ici commence le discours de vérité et de justice par lequel le pouvoir se constitue comme tel. Que l'homme se laisse traiter en *objet* de l'admiration et du respect ne change rien à l'affaire : cette inertie est le fruit d'une hésitation et d'une résolution, cette passivité est une volonté. L'homme décide de *simuler le simulacre :* la fortune est ici devenue bonne fortune, l'événement du hasard transformé en avènement d'une occasion. Telle est la vérité, telle est la justice du discours de pouvoir, deux fois éloignées de la Vérité et de la Justice à jamais perdues et puisque nul ne sait quelles elles sont, ce qu'elles sont, où le vrai roi se trouve, et puisque tous, à l'exception de l'homme, croient le vrai roi revenu, tout se passe comme s'il n'y avait d'autre vérité, d'autre justice que celles que donne aux habitants en peine, aussi perdus que leur roi perdu, la simulation du simulacre.

Pourquoi l'homme en décide-t-il ainsi ? Les habitants de l'île sont en peine de trouver leur roi perdu. Joie, soudain, des retrouvailles. Il est revenu dans l'île, celui qui est (était et sera) la Vérité et la Justice. Evohé ! Evohé ! Est-il possible de décevoir ceux qui pleurent et s'affligent quand, tout à coup, leur peine s'évanouit avec le retour et de les renvoyer à leur quête qui n'aura peut-être pas de fin ? Consolation de ceux qui pleurent et s'affligent parce qu'ils aiment sa loi ; oui, le roi est revenu. Mais c'est son double. Et si tous les messies, tous les chefs, tous les conducteurs de peuples n'étaient jamais que des doubles (comme, selon Freud, il y a eu deux Moïses) dont la fonction serait, *nolens volens,* d'apaiser la peine des hommes qui ont perdu le roi de Vérité et de Justice. Oui, mieux vaut pour la consolation des affligés, sans roi, sans père, ce pouvoir-là, celui du double, celui du simulacre de la vérité et de la justice, dans le lieu que l'autre a laissé vide. Car le naufragé, l'homme, croit les habitants de l'île et toute leur histoire de roi perdu quand il constate, jeté sur la grève, misérable et nu, qu'ils l'accueillent en roi. Il ne peut que le croire puisqu'ils le nourrissent et l'habillent et, en cortège, au milieu des chants et des danses, le conduisent sur le trône en lui disant qu'il est le sien, retrouvé. Et si le roi était depuis si longtemps disparu que nul parmi les habitants ne se souvenait plus des traits de son visage, de la forme de son corps ? Les ancêtres ont dit qu'à l'origine l'île était gouvernée par le roi de Vérité et de Justice et qu'un jour, dans les temps très anciens, il disparut sans laisser d'autres traces que le trône vide et le palais désert. Depuis ce moment, on a guetté son retour, scrutant, jour après jour, l'horizon de la mer. Et voici qu'aujourd'hui, pour la première et l'unique fois peut-être, un homme est jeté par la tempête sur la côte. Ce ne peut être que lui, revenu. Comment le naufragé ne peut-il pas croire vraie leur histoire et penser qu'il est le double de ce roi ? Ou même qu'il est peut-être le roi mais qu'il a perdu le souvenir qu'il a été jadis roi, vrai Roi, roi de Justice ?

Je dis, moi qui lis Pascal et fabule sur la fable qu'il conte à un adolescent, futur duc, futur maître : existent-elles « en vérité », la Justice et la Vérité « fortifiées », fins et buts de toutes nos entreprises politiques, sinon au prix d'un acte de foi ? Il était une fois une île dont le roi de Justice et de Vérité s'était perdu. Où donc est-il ? Dans quel au-delà des mers ? N'est-ce jamais que son double qui revient ? Mais comment le saurais-je, puisque celui qui est là maintenant est indiscernable de l'autre perdu ? Cette histoire est une fois arrivée aux Indiens d'Amérique lorsqu'ils accueillirent leurs demi-dieux annoncés par les prophéties, montés sur d'étranges créatures et tout cuirassés de fer. On sait aussi ce qu'il leur en a coûté.

Voici donc le double piège qu'est le pouvoir. L'homme — en simulant le simulacre royal — piège les habitants de l'île dans l'obéissance et le respect que légitimement ils doivent à leur maître. Mais ceux-ci, inversement, en le saluant comme leur vrai roi, le piègent dans cet être-roi qu'il n'est pas. Le pouvoir s'exerce alors, mais il n'existe pas. Il est le produit imaginaire d'une double postulation, d'une double croyance. L'homme croit nécessairement, par le fait de leurs actes et de leurs comportements, les habitants de l'île (que leur roi s'est perdu) et ceux-ci croient, avec la même nécessité, qu'il est revenu puisqu'il en est le sosie. Le piégé est piégeur et le piégeur piégé. Il faut même aller plus loin : les habitants ne racontent pas au naufragé l'histoire de la disparition et leur quête, puisqu'ils pensent que le disparu est là en chair et en os et donc qu'il la connaît aussi bien, mieux qu'eux-mêmes. Celui-ci se raconte cette histoire, il l'imagine puisqu'il est, ici maintenant, traité en maître. De même ses sujets, puisque le roi revenu connaît seul l'histoire de sa perte et qu'il ne peut dire ce qui s'est passé, le bateau, la tempête et soudain l'île inconnue, bref qu'il n'est pas celui qu'ils cherchaient, puisqu'ils ne le croiraient pas. L'un piège les autres et les autres l'un, mais sans que ni l'un ni les autres ne montent le piège, sans qu'il soit possible à l'un et aux autres d'échapper au piège. Le pouvoir comme piège, cela veut dire que le pouvoir n'existe pas et qu'il est une donnée, un *factum* originaire, je dis bien donnée, *factum :* il n'y a pas de transcendantal, nulle condition de légitimité et d'autorité, nulle proto-histoire, sinon dans le récit ou le mythe éternellement répété de la grande tristesse du monde dont la Vérité et la Justice, la force vraie et juste, s'est retirée, et qui n'est raconté que pour dire cet originaire, ce fait...

Le piège du pouvoir n'est monté par personne ; naufragé et naufrageurs ne le construisent pas. L'un et les autres le trouvent donné là : piège du simulacre que l'un et les autres se bornent à remplir, où ils tombent nécessairement ; piège par simulacre bien différent de la série des coups de Maître Chat construisant Carabas et son marquisat par la force des actes de langage grâce auxquels le titre, le domaine et le château sont à la fin sans nul mensonge, sans tromperie ni usurpation, légitimes, vrais, justes.

La petite histoire de Pascal s'achève : double pensée, double comportement de l'homme devenu roi. Les uns par lesquels il traite avec le peuple, les autres, avec soi-même. Scission du public et du privé, du maître et de l'individu. Les actes et les paroles d'un côté, les actes et les gestes de la loi qui s'édicte sans appel, l'Etat qui se pose et se construit, les stratégies et les décisions, la guerre et la paix, toute l'existence, toute la réalité, toute l'histoire. Et, de l'autre, le murmure insistant, la rumeur obsessionnelle, l'informe ressassement du sujet privé et propre, la toujours identique (dé)négation : je ne suis pas celui que les autres croient que je suis, je ne suis pas ce que je suis pour les autres, je ne suis que ce que je ne suis pas et je ne peux le dire, le répéter à moi-même seulement, que parce que je suis le maître, le roi que je ne suis pas, posé tel par les autres auxquels je commande, j'ordonne. Parole vide, pensée dépourvue de tout sens. Le pouvoir d'un côté, tout le pouvoir, et de l'autre, rien. L'Etat, c'est moi et moi, le résidu de cette identité : nul.

Après d'autres, je nomme cette scission ironie, à l'usage des maîtres.

Alors, un jour, le roi perdu et retrouvé reçut la visite d'un chat portant sac et bottes et qui, ayant fait une grande révérence, lui dit : « Voilà, Sire, un lapin de garenne que Monsieur le Marquis de Carabas m'a chargé de vous présenter de sa part. »

table des matières

« CRITIQUE »

Georges Bataille, LA PART MAUDITE, *précédé de* LA NOTION DE DÉPENSE.

Jean-Marie Benoist, TYRANNIE DU LOGOS.

Jacques Bouveresse, UNE PAROLE MALHEUREUSE. DE L'ALCHIMIE LINGUISTIQUE A LA GRAMMAIRE PHILOSOPHIQUE.

Jacques Bouveresse, WITTGENSTEIN : LA RIME ET LA RAISON. SCIENCE, ÉTHIQUE ET ESTHÉTIQUE.

Jacques Bouveresse, LE MYTHE DE L'INTERIORITE. EXPÉRIENCE, SIGNIFICATION ET LANGAGE PRIVÉ CHEZ WITTGENSTEIN.

Michel Butor, REPERTOIRE I, II, III, IV.

Pierre Charpentrat, LE MIRAGE BAROQUE.

Pierre Clastres, LA SOCIETE CONTRE L'ETAT. RECHERCHES D'ANTHROPOLOGIE POLITIQUE.

Hubert Damisch, RUPTURES/CULTURES.

Gilles Deleuze, LOGIQUE DU SENS.

Gilles Deleuze, Félix Guattari, L'ANTI-ŒDIPE.

Gilles Deleuze, Félix Guattari, KAFKA. POUR UNE LITTÉRATURE MINEURE.

Jacques Derrida, DE LA GRAMMATOLOGIE.

Jacques Derrida, MARGES DE LA PHILOSOPHIE.

Jacques Derrida, POSITIONS.

Vincent Descombes, L'INCONSCIENT MALGRE LUI.

Jean-Luc Donnet, André Green, L'ENFANT DE ÇA. PSYCHANALYSE D'UN ENTRETIEN : LA PSYCHOSE BLANCHE.

Jacques Donzelot, LA POLICE DES FAMILLES.

Serge Fauchereau, LECTURE DE LA POESIE AMERICAINE.

André Green, UN ŒIL EN TROP. LE COMPLEXE D'ŒDIPE DANS LA TRAGÉDIE.

Luce Irigaray, SPECULUM. DE L'AUTRE FEMME.

Luce Irigaray, CE SEXE QUI N'EN EST PAS UN.

Jacques Leenhardt, LECTURE POLITIQUE DU ROMAN. « LA JALOUSIE » D'ALAIN ROBBE-GRILLET.

Pierre Legendre, JOUIR DU POUVOIR. TRAITÉ DE LA BUREAUCRATIE PATRIOTE.

Emmanuel Levinas, QUATRE LECTURES TALMUDIQUES.
Emmanuel Levinas, DU SACRÉ AU SAINT. CINQ NOUVELLES LECTURES TALMUDIQUES.
Jean-François Lyotard, ECONOMIE LIBIDINALE.
Louis Marin, UTOPIQUES : JEUX D'ESPACES.
Francine Markovits, MARX DANS LE JARDIN D'EPICURE.
Michèle Montrelay, L'OMBRE ET LE NOM. SUR LA FÉMINITÉ.
Michel Pierssens, LA TOUR DE BABIL. LA FICTION DU SIGNE.
Alain Rey, LES SPECTRES DE LA BANDE. ESSAI SUR LA B. D.
Alain Robbe-Grillet, POUR UN NOUVEAU ROMAN.
Clément Rosset, LE REEL.
François Roustang, UN DESTIN SI FUNESTE.
Michel Serres, HERMES I. LA COMMUNICATION.
Michel Serres, HERMES II. L'INTERFERENCE.
Michel Serres, HERMES III. LA TRADUCTION.
Michel Serres, HERMES IV. LA DISTRIBUTION.
Michel Serres, JOUVENCES. SUR JULES VERNE.
Michel Serres, LA NAISSANCE DE LA PHYSIQUE DANS LE TEXTE DE LUCRÈCE. FLEUVES ET TURBULENCES
Jean-Louis Tristani, LE STADE DU RESPIR

CET OUVRAGE A ÉTÉ ACHEVÉ D'IMPRIMER
LE VINGT OCTOBRE MIL NEUF CENT
SOIXANTE-DIX-HUIT SUR LES PRESSES DE
L'IMPRIMERIE CORBIÈRE ET JUGAIN A
ALENÇON ET INSCRIT DANS LES REGISTRES
DE L'ÉDITEUR SOUS LE NUMÉRO 1396

Imprimé en France